습관은 실천할 때 완성됩니다.

좋은습관연구소가 제안하는 46번째 습관은 "트렌드 읽는 습관"입니다. 트렌드 읽기는 모든 직장인들이 매일 같이 하는 일입니다. 그래서 가장 일처럼 생각 안 되는 것이기도 합니다. 하지만 누군가는 이 일을 아주 정성스럽게 그리고 꼼꼼하게 합니다. 다른 이들은 대충 보고 넘기는 것도 원인을 생각하고 맥락을 고민합니다. 매사 이렇게 사고하는 것이 습관처럼 자리 잡혀 있습니다. 우리가 일을 잘한다 못한다, 기획력이 좋다 나쁘다, 사업에 성공했다 실패했다의 차이도 여기에서 시작됩니다. 트렌드를 읽는 컨설턴트는 이런 일을 프로 의식을 갖고 능숙하게 해내는 사람입니다. 전문 컨설턴트의 세상을 보는 관점과 노하우를 내것으로 잘 만드셨으면 합니다.

모든 사업의 시작

트렌드 읽는 습관

김선주, 안현정 지음

Trend

좋은습관연구소

개정 증보판을 내며

'트렌드 읽는 습관'이라는 제목의 책을 기획할 때 가장 먼저 머리에 떠오른 질문은 "트렌드를 읽는다는 것이 뭘까?"였다. 누군가는 SNS에서 가장 '핫하다'고 평가받는 무언가를 빨리 아는 것으로 생각하고, 또 누군가는 최신의 트렌드 신조어의 뜻이 무엇인지 아는 것으로 보기도 한다. 모두 맞는 말이다. 하지만 필자들이 생각하는 '트렌드를 읽는다'의 의미는 조금 다르다. 트렌드가 무엇인지 아는 것에 머무르지 않고 사람들의 가치관이나 라이프스타일 변화 나아가 사회와 문화의 변화를 신속하게 포착하고 분석하는 것 그리고 이를 내일과 연결해서 새로운 기획이나 획기적인 비즈니스로 발전시키는 것을 말한다.

4년 전에 출간한 『트렌드 읽는 습관』은 필자들이 생각하는 '트렌드를 읽는다는 것'의 의미에 부합하는 구성이었다. 다른 트렌드 책들은 꼭 알아야 할 트렌드가 무엇인지(What)에 초점을 맞췄지만, 필자들은 직접 트렌드를 포착하고 자신의 일에 활용하기 위해 어떻게(How) 해야 하는지에 집중했다. 꼼꼼히 써주신 독자 리뷰 중에는 "이 책은 마치 고기 잡는 방법을 가르쳐주듯이 찾는 방법, 보는 관점을 알려주는 책이다" "책 덕분에 세상을 보는 시선이 좀 더 정돈되었다" 같은 평가가 있었다. 필자가 의도한 대로 읽어준 독자분들에게 뿌듯함과 감사함을 느낀다.

트렌드를 읽고 활용하는 것은 일부 전문가나 특정 산업 종사자만이 아니라 직장인이라면 누구나 가져야 할 역량이다. 실제로 이 책 독자는 기획 업무를 하는 직장인은 물론이고 자영업자, 사업가, 대학생 등 다양했다. 기업에서 지정하는 필독서로 선정됨은 물론이고, 대학 교재로도 많이 활용되었다. 그만큼 다양한 곳에서 다양한 목적을 갖고서 읽었다.

이번 개정 증보판에서도 누구에게나 필요한 '트렌드 읽기 역량 강화'라는 점에서 꼭 갖춰야 할 습관의 제안이라는 기본 방향은 그대로 유지했다. 그리고 일부 습관의 변화와 강화가 있었고, 이전에 충분히 담지 못한 트렌드 활용을 포함한

다양한 사례와 인사이트를 대폭 늘렸다.

책은 총 3부로 나뉜다. 1부는 "트렌드에 관한 꼭 알아야 할 것들"이다. 기존 책에서 소개한 트렌드의 다양한 유형, 역트렌드를 비롯해 트렌드의 배리어와 트리거, 트렌드의 시작과 끝을 다룬 생명 주기의 내용은 그대로 유지했다. 그리고 트렌드 유형별 특징과 비즈니스 활용에 있어 주의할 점이 무엇인지 등을 보완했다.

2부는 "트렌드 읽는 습관"이다. 기존 책에서는 길을 오갈 때, 친구를 만날 때, 전시회 장에서, 사소한 대화 속에서, 뉴스를 읽을 때 등 일상에서 손쉽게 트렌드를 읽는 방법을 소개했다. 이러한 흐름은 유지하되 내용은 한층 더 업그레이드했다. 그리고 몇 가지 새로운 습관을 추가했다. 소셜 빅데이터 분석, 검색어 빅데이터 분석, 뉴스 빅데이터 분석 그리고 챗 GPT를 이용하는 법, 전 세계 주요 트렌드 정보를 알려주는 미디어와 보고서 활용법 등이 새롭게 보강되었다. 이전 책에서는 주로 '일상 관찰'을 통한 트렌드 읽기에 주안점을 두었다면, 이번에는 '자료나 데이터를 활용'해서 트렌드를 분석하고 확인하는 방법에도 주안점을 두었다.

3부는 "트렌드를 비즈니스로 연결하기"다. 읽어낸 트렌드를 내 업무 관점으로 주관화하고 비즈니스로 연결되도록 어떻게 분석하고 활용해야 하는지를 설명했다. 그리고 평소 기업을 다니며 컨설팅을 할 때, 필요성을 절감했던 내용을 보강했다. 실무에서 서칭한 트렌드를 기획으로 연결하는 과정에서, 조직 내 설득 문제 등을 어떻게 해결하는지에 대한 내용 등이다.

1부에서 3부까지 전체적으로 '더 읽기' 코너를 두고 추가적인 정보나 내용 등을 담았다. 그리고 습관 실천에 도움이 되도록 '실행하기' 팁과 '워크시트'를 추가했다.

이 책을 통해서 일상 생활 속에서도 트렌드를 읽을 수 있는 기회가 무궁무진하다는 것을 독자분들이 깨달았으면 좋겠다. 또 이렇게 확인한 트렌드를 내 일 혹은 새로운 비즈니스로 연결하는 것 또한 내가 충분히 할 수 있는 일이라는 인식을 했으면 좋겠다.

그리고 마지막으로 강조하고 싶은 것은 "습관의 실천"이다. 습관이 형성되려면 인식 변화에서 시작해서 행동의 변화와 실천이 반드시 필요하다. 작은 것부터 그리고 손만 뻗으면 바로 할 수 있는 것부터 행동으로 옮겨보길 당부한다. 반드시 차별적인 비즈니스 만들기로 연결될 것이다.

트렌드 읽는 습관 - 요약

1. 짧게(1~2년) 유행하는 것은 패드, 조금 더 길게(5~10년)는 트렌드, 그보다 더 긴(10년 이상) 시간 우리 삶을 지배하는 것은 메가트렌드다.

2. 연예인 같은 특정 개인의 추천이나 단순히 소재 차원의 변화라면 패드가 될 가능성이 높다. 하지만 근본적인 혜택의 변화로 가치관이나 라이프스타일에까지 영향을 주게 되면 트렌드가 된다.

3. 트렌드가 만들어지게 되면, 몇 년 안으로 이에 역행하는

역트렌드가 함께 뜬다. 트렌드가 생성기와 성장기를 지나 성숙기와 쇠퇴기에 접어들었다면, 역트렌드를 이용하는 것이 비즈니스적으로 유리한 선택이 된다.

4. 트렌드를 폭발적으로 성장시키는 데에는 정책, 규제 같은 환경요인이 트리거 역할을 한다. 반대로 성장을 막는 요인인 배리어도 있다. 이를 적절히 활용한다면 트렌드로 새로운 비즈니스 기회를 만들 수 있다.

5. 열정적인 얼리어답터들의 지지를 받는 마이크로트렌드는 소수의 문화에서 차별화된 새로움, 한발 더 나아가 대중화 가능성까지 제공한다.

6. SNS 세상이 되면서 세대 트렌드의 구분이 선명해지기 시작했다. 새롭게 등장하는 세대를 재빨리 선점하는 것도 새로운 비즈니스 기회가 된다.

7. 개별적인 정보가 누적되어 특이점이나 방향성이 보이면 인텔리전스가 되고, 내 상황에 맞춰 적용하게 되면 지식, 노하우가 된다. 이후 이를 활용하면 지혜가 된다.

8. 즉, 트렌드를 읽는 것은 정보를 계속해서 누적시켜가며 새로운 인텔리전스를 발견하는 것이 우선이며, 이를 내 관점으로 활용해 비즈니스로 만드는 것이 트렌드 읽기의 최종 목적이다.

9. 일상에서 트렌드를 읽는 방법은 다양하다. 거리 관찰에서부터 홈비지팅, 핫플레이스나 서점 방문, 사람들과의 커피 챗이나 각종 모임 참여 등. 관찰을 통해서 특이점을 발견했으면 질문과 경청으로 트렌드 가능성을 확인해야 한다.

10. 과제형 트렌드 읽기는 특정 목적(사업 기획)을 바탕으로 하는 것으로 구체적인 키워드 중심으로 시장 조사를 하거나 현황 분석을 하는 것을 말한다. 이때는 각종 빅데이터(검색어, 소셜버즈, 뉴스)분석 등을 활용할 수 있다.

목차

1부. 트렌드에 관한 꼭 알아야 할 것들

2부. 트렌드 읽는 습관

3부. 트렌드를 비즈니스로 연결하기

1부

트렌드에
관한
꼭 알아야
할 것들

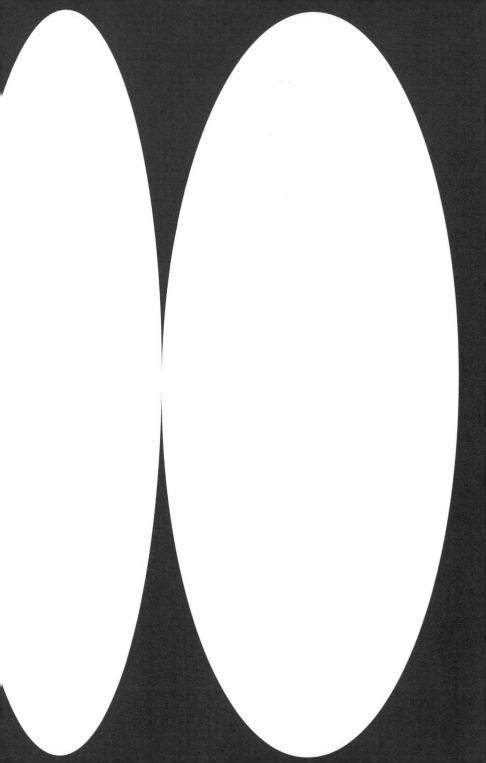

1

트렌드는 알겠는데,
패드는 뭐지?

평소 "올해는 빨간색이 트렌드야" "요즘은 웰빙이 트렌드야"라는
말을 자주 사용한다. 여기서의 '트렌드'는 정확히 무엇을 의미하는
것일까? 사람들이 일상 대화에서 사용하는 '트렌드'는 모두 똑같
은 의미일까? 다른 의미일까?

트렌드의 사전적 정의는 '장기간에 걸친 성장, 정체, 후퇴 등의 변동 경향'이다. 여기에서 장기간이란 적어도 5~10년 정도의 시간을 두고 유행하는 것을 말한다. 그렇다면 그보다 짧은 1~2년 정도의 유행은 트렌드가 아닌가?

일반적으로 이를 잘 구분해서 말하지는 않는다. 그냥 범용해서 트렌드라고 한다. 하지만 트렌드 유형에는 길고 짧은 것만 있는 것은 아니다. 산업별로도 존재하고 특정 시장에 한정되어 나타나기도 한다. 한마디로 매우 다양한 기준으로 트렌드를 세분화하고 구분하는 게 요즘 추세다. 그래서 누군가가 "이게 트렌드야"라고 말할 때, 실제 어떤 것이고 어떤 기준으로 말하는 것인지 잘 따져보는 것이 중요하다.

예를 들어, "요즘 식품업계에서 가장 핫한 트렌드는 흑당이야" "올해의 트렌드 컬러는 살구색이야" "요새는 카고 팬츠를 입어야 트렌드 세터라고 할 수 있지"라고 할 때의 트렌드와 "현재를 즐기려는 사람들이 늘어나면서 욜로가 트렌드로 자리 잡고 있어" "개인의 취향과 라이프스타일을 중시하는 젊은 층이 늘어나면서 초개인화 마케팅이 트렌드가 되었어"라고 할 때의 트렌드는 서로 다른 시간의 폭을 갖고 있다.

한 때 유행했던 흑당이라는 걸 살펴보면, 2019년 유명 커피 프랜차이즈 등에서 흑당 커피나 흑당 버블티 같은 메뉴를 선보이면서 인기가 높아졌으나, 몇 년이 채 안 되어 그 인기가 수그러들었다. 이 점은 검색 추이에도 잘 드러난다. 2019년 상반기에 급속하게 검색량이 증가했다가 2020년으로 넘어가면서 순식간에 빠지는 것을 볼 수 있다.

반면, 'You Only Live Once'의 앞글자를 따서 현재 자신의 행복을 가장 중시하는 태도를 의미하는 욜로(YOLO)의 검색어 추이는 흑당과 달리 2019년부터 현재까지도 꾸준히 검색된다. 최근에는 욜로와 대비되는 '갓생'[*] 트렌드가 새롭게 등장하는 등 여러 변화 양상이 있긴 하지만, 여전히 국내뿐 아니라 세계적으로 주목받고 있다. 이제는 '욜로족' '욜로라이프' 같은 말이 신조어가 아니라 일상어로 쓰이며 자연스럽게 하나의 문화가 되었다. 이처럼 똑같이 트렌드라 불러도 그것이 포괄하는 시간은 상당히 다르다.

욜로처럼 5~10년정도 지속되며 영향을 미치는 트렌드는 이름 그대로 "트렌드"라 하고, 흑당처럼 1~2년 혹은 한 계절로 끝나는 짧은 트렌드는 "패드"라 칭한다. 패드(FAD)는 'For A Day'의 약자다. 용어에서도 알 수 있듯 지속되는 시간이 짧은 것이 특징이다. 사실 모든 트렌드의 시작은 작은 변화에서부터 시작된다. 이 작은 변화는 동일한 패턴으로 발전하는

----

[*] 갓생은 신을 의미하는 'God'과 인생을 뜻하는 '生'의 합성어로, 부지런하고 타의 모범이 되는 삶을 뜻하며 코로나 팬데믹 기간 MZ세대 세대트렌드로 자리 잡았다.

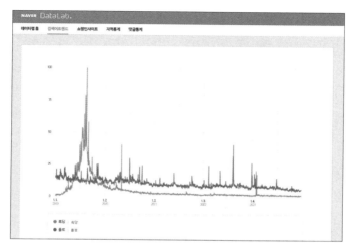

욜로 vs. 흑당 검색어 추이 분석
2019년부터 2023년까지 네이버 데이터랩을 이용한 분석 결과

것이 아니라 패드처럼 짧은 시간 급작스럽게 큰 유행을 얻었다가 바로 수그러들기도 하고, 점점 영향력이 커지며 주류 트렌드로 발전해 오랫동안 지속되기도 한다. 앞서 예를 들었던 흑당, 매년 변화하는 올해의 컬러, 계절에 따라 바뀌는 패션 아이템 등은 넓은 의미에서는 트렌드라 부를 수 있으나 엄밀히 구분하면 패드이고 일시적 유행이다. 반대로 욜로, 갓생은 이제 주류로 자리 잡은 트렌드라 보는 게 보다 정확하다.

다 같이 트렌드라고 하지 않고 군이 '트렌드' '패드'라고 구분해 정의를 내리는 이유는 뭘까? 트렌드 유형을 어떻게 정의하느냐에 따라, 활용시 주의할 점이나 대응하는 방향이 엄청나게 달라지기 때문이다. '증설의 저주'라는 말이 있다. 어떤 제품이 엄청난 인기를 끌어 공급 부족 현상을 겪을 때 거금을 들여 설비 확충을 하고 나면 언제 그랬냐는 듯 인기가 뚝 떨어져 낭패를 보는 현상이다.

증설의 저주를 포털에서 검색해보면 대표 사례로 '꼬꼬면'과 '허니버터칩'이 언급된다. 2014년 출시된 허니버터칩은 짠 맛의 감자칩에 익숙하던 소비자에게 '단짠'이라는 새로운 맛을 선보이며, 출시 1년만에 무려 700억 원치를 판매하는 기염을 토했다. 꼬꼬면도 2011년 한 방송 프로그램에서 소개되며 당시에는 익숙하지 않은 하얀 국물의 칼칼한 맛으로 엄청난 인기를 끌었다. 출시 첫해에 8,000만개 이상의 판매 실적을 올렸다. 그런데 아이러니하게도 두 제품은 모두 공장 라인을 증설하자마자 판매량이 급속히 꺾였다. 마트에서 1인당 구매 수량을 제한해서 판매하고, 인터넷에서 더 비싼 가격에 재판매되던 상품이 어느 날 갑자기 묶음 상품으로 나타났다. 결과적으로 라인 증설은 큰 부담으로 돌아왔다.

아무리 인기가 높더라도 증설을 하면 안 된다는 것을 말하고자 하는 바는 아니다. 증설 자체가 문제였다기보다는 패드로 끝날 제품의 인기를 중장기 트렌드로 보고 의사결정한 것이 문제였다. 이점이 트렌드와 패드를 구분해서 바라봐야

증설의 저주 관련 기사
어떤 제품이 엄청난 인기를 끌어 공급 부족 현상을 겪어 거금을 들여 설비 확충을 하고 나면, 언제 그랬냐는 듯 인기가 뚝 떨어져 낭패를 보는 현상을 말한다.

하는 중요한 이유다. 하지만 어떤 상품이나 서비스의 매출이 급상승하고 품귀 현상이 나타난다면 현실적으로 공장 증설을 고민하지 않을 수 없다. 게다가 SNS에서 핫 이슈가 되고, 여러 신문 지면에 오르내리며, 신조어로까지 탄생하는 과정을 보면 빠른 대응이 당연한 것으로 생각된다. 그리고 이런 급박한 상황에서는 잠깐 반짝하고 지나가는 '패드'인지 공장을 증설해도 문제없을 정도로 꾸준한 수요가 뒷받침될 '트렌드'인지가 구분이 쉽지 않다(트렌드와 패드를 구분하는 방법은 뒤편에서 구체적으로 설명하겠다). 그래서 신중해야 하면서도 빠르게 움직여야 한다.

―― 누군가가 "이게 요즘 뜨는 트렌드야"라고 했을 때 머릿속으로는 이것이 트렌드인지 패드인지 반드시 구분해 볼 필요가 있다. 그리고 추이가 어떻게 변하는지도 세심하게 살펴야 한다. 고민하는 동안 다시 오지 않을 기회를 잃어버리는 게 아닌지 조바심이 나기도 난다. 하지만 판단(패드인지 트렌드인지, 관망해야 하는지 들어가야 하는지)은 신중히 해야 한다. 그리고 의사결정을 했다면 이후 행동은 전광석화처럼 해야 한다.

⊞ 더 읽기
인공지능에게 물어본 '트렌드'와 '패드'의 차이

챗GPT의 답변 ───────────────
"트렌드(Trend)"와 "패드(Fad)"는 유행이라는 공통점을 가지고 있지만, 그 지속성이나 사회적 영향력에서 차이가 있습니다.

1. 트렌드(Trend)
트렌드는 특정 시기 동안 많은 사람들에게 주목받고 지속적인 관심을 받는 현상을 의미합니다. 트렌드는 시간이 지나면서 점진적으로 발전하거나 변화하며, 사회나 문화에 더 깊은 영향을 미칠 수 있습니다. 예를 들어, 스마트폰 사용이나 건강을 중시하는 웰빙 문화는 트렌드로 볼 수 있습니다. 트렌드는 비교적 장기적으로 지속되며, 그 영향이 커질수록 사회 전반에 걸쳐 변화가 일어나기도 합니다.

2. 패드(Fad)
패드는 일시적으로 폭발적인 인기를 끌지만, 시간이 짧고 빠르게 사라지는 현상을 의미합니다. 패드는 대개 특정 그룹에서 급격히 인기를 얻다가 금방 쇠퇴하는 경우가 많습니다. 예를 들어, 특정 춤이나 챌린지가 소셜 미디어에서 일시적으로 유행한 뒤 사라지는 현상은 패드의 전형적인 사례입니다.

차이점 요약
1. 지속성: 트렌드는 비교적 오랜 기간 지속되며, 패드는 짧은 기간 동안만 유행합니다.
2. 영향력: 트렌드는 사회나 문화에 장기적인 변화를 가져올 수 있지만,

패드는 주로 일시적인 관심에 그칩니다.
이러한 차이를 이해하면 새로운 유행이 일어났을 때 그것이 트렌드인지 패드인지를 구분하는 데 도움이 됩니다.

클로드(Claude)의 답변
패드와 트렌드의 차이점을 간단히 설명해 드리겠습니다:

1. 지속 기간
- 패드 : 비교적 짧은 기간 동안 유행하며, 보통 몇 주에서 몇 달 정도 지속됩니다.
- 트렌드 : 더 오랜 기간 동안 지속되며, 몇 달에서 몇 년까지 영향을 미칠 수 있습니다.

2. 영향력
- 패드 : 주로 특정 분야나 연령대에 국한된 영향을 미칩니다.
- 트렌드 : 더 넓은 범위의 사회와 문화에 영향을 줍니다.

3. 깊이
- 패드 : 대체로 표면적이고 일시적인 현상입니다.
- 트렌드 : 더 깊은 사회적, 문화적 변화를 반영하는 경향이 있습니다.

4. 예측 가능성
- 패드 : 예측하기 어렵고 갑자기 나타났다 사라지는 경향이 있습니다.
- 트렌드 : 더 예측 가능하며 점진적으로 발전하는 경향이 있습니다.

2

트렌드와 패드
구분 방법과 활용법

영향을 미치는 시간에 따라 트렌드와 패드를 구분해 대응 여부를
판단하는 것이 중요하다는 것을 알았다. 그렇다면 트렌드와 패드
를 구분하는 방법과 활용법은 어떻게 될까?

트렌드에 관심을 갖고 유형을 파악하고 구분하고자 하는 이유는 결국 트렌드 활용을 통해서 남들보다 빨리 성과를 내기 위해서다. 트렌드와 패드를 구분하는 중요성을 강조한 것도 이 때문이다.

지속 시간이 짧은 패드는 지나가고 나면 누구나 자연스럽게 "그건 패드였네"라고 인식한다. 하지만 발생 초기 단계에서는 예측이 어렵다. 이 예측을 얼마나 잘 해내느냐 그렇지 않냐에 따라 누군가는 돈을 벌고, 누군가는 돈을 잃는다('증설의 저주'에 빠질 수 있다). 즉, 트렌드인지 패드인지를 잘 구분하는 것이 성과로 이어지는 핵심 요인 중 하나다. 그렇다면, 유행하는 아이템이나 기류가 있을 때, 이것이 패드로 그칠지 트렌드로 지속할지 초기에 잘 구분하려면 어떻게 해야 할까?

첫 번째는 관심이 가는 트렌드를 두고 근본적인 혜택의 변화인지 혹은 색상이나 소재와 같은 속성 단위의 변화인지 살펴보는 것이다. 당연히 근본적인 혜택의 변화라면 트렌드일 가능성이 높고, 속성 차원의 변화라면 패드일 가능성이 높다. 올해의 컬러를 반영한 디자인, 꼬꼬면의 뽀얀 닭 육수, 흑당 버블티의 흑당 같은 소재나 색상 단위의 변화는 사람들에게 신선함을 주고 화제가 되는 정도이지 근본적인 혜택의 변화라고 보기는 어렵다. 트렌드가 아니라 패드가 될 가능성이

팬톤(pantone) 홈페이지

팬톤은 미국 뉴저지 소재의 색상 전문 연구 개발 기업으로 2000년부터 매년 '올해의 컬러'를 선정해 발표한다. 팬톤에서 선정한 컬러는 디자인, 출판, 의류 등 각 분야로 막대한 영향을 끼친다.

높다.

두 번째 방법은 관심 있는 트렌드에 연결되어 떠오르는 가치관의 변화가 있는지를 확인해 보는 것이다. 흑당이나 탕후루와 연결해 떠오르는 가치관의 변화는 딱히 없다. 반면 욜로에 대해서는 "You Only Live Once"라는 용어 뜻 그대로 다른 사람보다 나 자신 그리고 먼 미래보다 현재를 중시하는 가치관의 변화가 담겨 있다. 이처럼 가치관의 변화와 연결된 트렌드는 계속적으로 지속되면서 사회 곳곳에 영향을 미칠 확률이 크다.

세 번째 방법은 주목하고 있는 어떤 변화 흐름과 관련해서 과거에 비슷한 트렌드가 있었는지, 연관되어 나타난 유사 트렌드가 있었는지, 그 트렌드와 지금의 트렌드는 어떤 관련성이 있는지, 어느 쪽이 더 본원적인지 체크하는 것이다. 예를 들어 지코의 '아무노래 챌린지'(지코의 춤을 따라하며 이를 SNS 영상으로 올리는 것)는 엄청난 파장을 일으켰고 이후 이와 유사한 형태의 챌린지는 K팝 시장에서 신곡이 나오면 으레하는 주요 마케팅 활동 중 하나가 되었다.

과거에도 비슷한 챌린지가 있었는지 떠올려보면 코로나 때 '덕분에 챌린지'가 있었고, MZ세대들의 환경에 대한 관심으로 '플로깅 챌린지'(쓰레기를 주우며 조깅하는 챌린지)도 유행했다가 '제로웨이스트 챌린지'로 확산되기도 했다. 더 거슬러 올라가면 루게릭병에 대한 대중 인식을 끌어내기 위해 찬물을 뒤집어쓰는 '아이스 버킷 챌린지'[*]가 있었다. 이러한 챌린지들은 꽤 시차를 두고 다양한 모습으로 일어났지만 조금만 자세히 들여다보면, 'SNS를 통한 커뮤니케이션'이라는 본원적 변화의 일부분임을 알 수 있다. 단순히 재미있는 이벤트

---

[*] 미국인 코리 그리핀이 루게릭병을 진단받은 친구를 돕기 위해 얼음물을 뒤집어 쓰는 것으로 시작된 챌린지. SNS에 동영상을 올린 후 다음 참가자 3명을 지목, 지목을 받은 이들은 24시간내에 얼음물 샤워를 하거나 미국 루게릭병협회에 100달러를 기부해야 한다. 해외 유명 셀럽들, 기업인들이 참여하며 화제가 됐다.

가 아니라 SNS를 매개체로 사회적인 메시지를 전파하고 내가 참여하고 있다는 것을 남에게 알리는 새로운 커뮤니케이션 방법의 하나인 것이다. SNS를 매개체로 커뮤니케이션 트렌드가 다양한 챌린지 형태로 나타났다고 할 수 있다. 앞으로도 유사한 '챌린지'는 계속해서 모습을 바꾸면서 등장했다 사라질 것이다.

이번에는 패드와 트렌드를 각각 어떻게 활용할 수 있는지 생각해 보자. 트렌드와 패드의 구분 기준은 지속시간이라 했다. 따라서 주목한 변화가 잠깐 유행하다 사라질 것으로(패드라고) 판단되면 가능한 신속하게 대응하는 것이 중요하다. 그리고 유행하는 동안 투자한 비용을 모두 회수할 수 있게 투자를 효율화하는 것도 필요하다. 즉, 대규모의 고정비 투자보다는 기존 상품에 변화된 소재나 유행하는 색상 그리고 포장의 변화처럼 가장 작은 규모의 변화로 빠르게 대응하는 것이다. 반대로 긴 시간 유행할 것으로(트렌드라고) 확신이 든다면 임시방편 같은 대응보다는 좀 더 중장기적인 관점에서 신중하게 접근하고 자사의 특징과 장점을 잘 살린 전략 상품이나 서비스 개발로 방향을 잡는 것이 적절하다.

흑당 버블티가 유행(패드)이라면 기존 제품에 흑당을 넣어서 흑당 우유, 흑당 아이스크림으로 발 빠르게 대처하는 것이 유용하고, 내부에 활용할 만한 상품이나 서비스가 없다면 설비를 갖추고 있는 외부 업체를 통해 OEM 형식으로 빠르게 상품을 조달해야 한다. 대신 신규 설비 투자에 대해서는 시간적인 여유를 가지고 대응하는 것이 좋다. 이 밖에도 프로모션이나 이벤트 차원에서의 활용도 대중의 관심을 끄는 좋은 방법이 된다.

패드로 의심되지만 그래도 투자를 통해 사업을 진행해야 하는 경우라면, 잠시 유행처럼 수그러들 위험성을 고려해 향후 다른 쪽으로 변형할 수 있는 확장 가능성(전환에 대한 플랜 B)을 염두에 두고 진행해야 한다. 투자 전 테스트 형태로 성공 가능성을 검토해보는 것도 중요하다.

────── 지금까지 트렌드와 패드를 구분하는 방법, 그리고 각각을 어떻게 활용할지에 대해 생각해 보았다. 주목하는 변화가 본원적인 혜택의 변화가 아닌 색상과 소재와 같은 속성 단위의 변화라면 패드의 가능성을 먼저 생각해 보고, 그 다음으로는 트렌드와 연결되는 가치관의 변화가 있는지 따져 보자. 마지막으로는 유사 트렌드를 함께 살피며 어느 쪽이 더 본원적인 변화인지 고민하자. 트렌드로 판단되었다면 중장기적 관점에서 제품 개발과 시설 투자 같은 것이 필요하지만, 패드라고 한다면 기존 제품과 빠르게 결합하는 정도나 이벤트 정도로만 활용해야 한다.

3

트렌드를 쫓는 게
무조건 잘하는 일일까?

웰빙 트렌드는 누구도 부인할 수 없는 큰 트렌드 중 하나다. 좋은 것을 먹는 웰빙부터 스트레스 관리와 마음까지 챙기는 정신적 웰빙, 사회 전체의 행복과 번영을 생각하는 사회적 웰빙까지. 웰빙 트렌드는 그 모습을 조금씩 달리하면서 오랜 시간 진화해 왔다. 그런데 몇 년 전부터 웰빙 트렌드와 대척점에 있는 트렌드가 생겼다. 바로 '먹방'이다. SNS와 유튜브로 관련 채널이 등장하고, 잘 먹는 유튜버들이 방송에 출연하고, 심지어 여러 이슈(긍부정적인)로 사회 뉴스 지면에 오르내리는 전성기(?)를 누리고 있다. 여기에는 각종 배달 앱들과 무료 배달이라는 서비스 흐름이 영향을 주었다는 점도 무시할 수 없다. 그럼 웰빙 트렌드는 끝나고 먹방의 시대가 도래한 걸까?

트렌드 전문가들은 웰빙과 먹방을 서로 무관하게 보지 않는다. 트렌드의 역방향이라는 관점에서 연결된 하나의 현상으로 본다. 한쪽에서는 거칠고 투박하지만 건강에는 좋은 음식이 유행이라면, 또 다른 한쪽에서는 오직 맛과 포만감에만 집중한 음식이 유행한다. 이 둘은 동일한 선상에서 연결되어 있다. 즉, 무관한 현상이라기보다는 작용, 반작용의 관계를 갖고 있다. 어떤 트렌드가 발전하며 일정 시간이 지나다 보면, 한쪽으로 쏠림이 심화되고 이에 대한 일종의 반작용이 일어난다. 그러면 대중들은 새로 나타난 반작용을 새로운 트렌드라 생각하고 쫓아간다. 이때의 반작용이 트렌드가 될지 패드가 될지는 금방 판단하기가 어렵다. 추이를 지켜볼 필요가 있다.

남들과 같은 방향(트렌드)으로 갈 때는 기존 제품과 비교해 큰 차이점이나 매력을 갖고 있지 않다면 어필이 쉽지 않다. 비슷한 수준이라면 고객은 당연히 익숙한 선발 주자의 제품에만 관심을 갖는다. 기업도 같은 트렌드 안에서 빠르게 상품을 개발하려다 보니 차별점을 만드는 것이 어렵다. 하지만 트렌드가 가지고 있는 작용과 반작용의 특성은 비즈니스 관점에서 잘만 활용한다면 좋은 기회를 만들 수 있다. 바로 트렌드의 반작용, "역트렌드"를 이용해서 새로운 기회를 만드는 것이다. 특정 트렌드가 보인다고 해서 조바심을 내고 무조건 쫓아가기보다 전략적으로 한 발 떨어져 조심스럽게 살피는 것이 중요한 이유다.

앞에서 언급했던 갓생은 욜로의 반작용이다. 이외에도 다양한 작용과 반작용의 사례가 있다. 그중 '외모 중시'와 '탈코르셋'을 생각해 보자. 외모 중시는 십 대들의 화장품 사용, 시니어 모델의 탄생, 가볍게 색조 화장을 하는 남성들 등 젊고 아름답게 외모를 가꾸는 것에 대한 관심을 의미한다. 이런 현상은 몇 년째 지속하며 트렌드가 되었다. 개인 PT(personal training)를 통해 멋진 몸매를 만들고 바디 프로필을 찍고 이를 인증하는 것도 동일한 현상이다. 그러나 또 다른 한쪽에서는 남의 시선 때문에 억지로 나를 꾸미는 것에 반발하며 보정 속옷을 거부하는 '탈코르셋 운동'[*]이 등장했다. 이런 현상은 있는 그대로의 나를 인정하자는 사회 운동으로도 발전했다.

일반적인 여성의 몸과는 동떨어진 훨씬 마른 몸매의 모델만을 고집해 왔던 속옷 브랜드 빅토리아 시크릿도 이러한 트렌드에 맞춰 변화하고 있다. 패션모델들이 유명세를 얻는 꿈의 무대였던 패션쇼를 중단하고 있는 그대로의 진정한 아름

---

[*] '탈코르셋'(Corset-free movement) 운동이란 여성주의 운동의 하나로 화장, 하이힐 등을 사회가 주입한 여성 억압이자 성적 대상화로 규정하고 이를 거부하는 운동이다.

빅토리아 시크릿의 바디 포지티브 캠페인
(이미지 출처 : Brand Brief)

다움을 인정하는 보디 포지티브(Body Positive)* 메시지를 전달하는 등 브랜드 이미지를 쇄신하고 있다.

외모나 미를 추구하는 트렌드를 얘기할 때 빼놓을 수 없는 것이 인스타그램이다. 인스타그램에 게시된 이미지는 트렌드 확산의 통로로 이용되며 '인스타그래머블'(Instagramable)

---

* '보디 포지티브'는 사회가 규정한 미의 기준을 따라야 한다는 압박에서 벗어나 개인의 체형과 취향을 있는 그대로 사랑하자는 '자기 몸 긍정 주의'를 뜻하는 말이다. 아름다움에 대한 강박이 무리한 다이어트와 성형으로 이어지며 심각한 사회적 문제가 될 수 있다는 경계심에서 비롯된 움직임으로 미국에서 처음 시작됐다.

비리얼 애플리케이션
(이미지 출처 : 비리얼 앱스토어)

이라는 신조어도 만들었다. 직역하면 '인스타그램에 올릴만
한'이라는 뜻이고, 풀어서 해석하자면 '이미지가 독특하고 트
렌디해서 눈길을 끌만하다, 혹은 많은 좋아요를 얻을 만하다'
이다. 신조어로 등장할 정도로 인스타그래머블한 콘텐츠의
인기는 뜨겁지만, 이에 대한 반작용으로 '안티 인스타그램'을
표방한 앱도 하나둘 등장하고 있다.

  2020년 서비스를 시작한 '비리얼'(BeReal)이 대표적이다.
이 앱을 이용하는 사용자는 하루에 한 번, 앱에서 'Time to
BeReal'이란 알림이 뜨면 2분 안에 스마트폰으로 자신이나
자신의 주변을 찍어서 업로드해야 한다. 꾸며낸 내 모습이 아

니라 있는 그대로의 일상을 공유한다는 것이 컨셉이다. 인스타그램도 이러한 추세에 대응하여 유사한 기능을 갖고 있는 '캔디드 스토리'(Candid Story)라는 앱을 서비스하기도 했다. 이처럼 외모 중시와 탈코르셋, 인스타그래머블과 비리얼은 알고 보면 전혀 다른 이질적 만남 같지만 결국 같은 원인에 바탕을 둔 작용 반작용의 모습이다.

기존 트렌드에 반하는 역트렌드는 왜 나타나는 걸까? 트렌드가 지속하는 과정에서 이를 반영한 제품과 서비스가 다양한 산업에서 나오고, 유사한 마케팅 활동에 반복적으로 노출되다 보면 소비자들은 피로감을 쉽게 느낀다. 특히 젊은 층은 개성을 중요하게 생각하는 만큼 타인들과 비슷한 상품을 사용하는 것에 거부감을 갖는다. 사실 특정 세대만의 특징이라기보다는 어느 누구에게나 똑같다. 이런 심리는 인간의 본원적인 특징 중 하나다. 우리는 뭔가를 하거나 하지 말라고 명령을 받게 되면, 반발심에 반대로 행동하려고 한다. 심리학에서는 이를 '역심리'라고 한다. 역심리는 역방향으로 갔을 때 어떤 일이 발생할지 궁금해하는 호기심이 생기고, 사람들이 몰리는 방향에서 벗어나 자신만의 선택을 하고 싶은 마음에서 비롯된다. 마찬가지로 특정 트렌드가 지속되면 이런 역심리에 기반하여 자연스럽게 '역트렌드'가 나타난다.

'역심리'라고 하면 머릿속에 떠오르는 우화가 있다. 바로 청개구리 우화다. 청개구리 엄마는 죽기 전 "내가 죽으면 산이 아닌 냇가에 묻어 달라"라고 유언을 남긴다. 이렇게 말해야 뭐든 거꾸로만 하는 아들이 자신을 산에 묻어 줄 거라 생각했기 때문이다. 하지만 청개구리 아들은 뒤늦게 자신의 행동을 후회하고 유언 그대로 냇가에 엄마를 묻고 나서, 비만 오면 '개굴개굴' 울었다. 한마디로 엄마와 아들 청개구리는 서로 타이밍이 맞지 않았다. 역심리에 기반한 역트렌드를 이용할 때는 이 타이밍이 매우 중요하다. 피로감이 쌓여 사람들이 새로운 것을 원하는 그때가 바로 굿 타이밍이다.

─── 트렌드의 작용 반작용은 트렌드의 기본 특성 중 하나다. 다양성이 심화되고 개인의 개성이 점점 더 중시되는 사회 분위기 속에서 트렌드의 작용 반작용은 앞으로도 지속적으로 나타날 것이다. 뿐만 아니라 그 주기도 더욱 짧아질 것이다. 한발 앞서 비즈니스 기회를 찾고 싶다면, 남과 다른 차별화가 필요하다면, 트렌드를 만날 때마다 작용 반작용을 함께 생각하는 습관을 가져보자.

트렌드 확산의 심리 – 밴드웨건효과

트렌드가 발생하면 쫓아가고자 하는 심리도 인간의 기본 심리다. 이를 '밴드웨건효과'(Band wagon Effect)라고 하는데, 밴드웨건은 행렬의 제일 앞에서 요란한 연주로 사람들을 끌어모으는 역할을 하는 마차를 의미한다. 미국의 개척시대 때 많은 사람들이 황금을 찾아 서부로 떠날 때 덩달아 이를 따라 간 사람들이 많은 현상을 빗대어 쓰던 용어다. 대세를 따르고 싶어 하는 사람들의 심리를 일컫는 말이다.

트렌드 확산에서도 마찬가지다. 스스로 원해서 움직이는 사람들이 먼저 만들고, 이어서 이에 동조하는 사람들이 증가하고 늘면서 확산된다.

4

트렌드의 진화,
트렌드의 생명 주기

트렌드를 '신기루 같다'고 말하는 사람이 있다. 어느 순간 나타났다가 엄청난 인기를 누리고 사라지고 마는 변화는 때로는 순식간에 지나가기도 한다. 바로 트렌드의 중요 특성 중 하나인 머물지 않고 지속적으로 변화한다는 사실 때문이다. 지속해서 변하는 트렌드의 특성을 알고 접근한다면 트렌드를 좀 더 효과적으로 활용할 수 있다. 그렇다면 트렌드의 시작과 끝, 그 과정은 어떻게 되는 걸까?

코로나 이후 계속되는 저성장 기조로 당분간 좋아질 이슈가 없는 경기 상황에서 가격 대비 성능을 추구하는 '가성비'*는 더 이상 특별한 단어가 아닌 일상적으로 쓰는 말이 되었다. 그리고 모든 분야에 다 적용되는 명확한 트렌드가 되었다.

여기에 더해 최근에는 또 다른 구매 트렌드인 가격 대비 만족감을 뜻하는 '가심비'**도 등장했다. 가심비는 "그게 얼마든 나에게 만족감을 주는가?" "그럴 만한 가치가 있는가?"처럼 물건 선택의 기준으로 가격이 좀 비싸더라도 행복이나 즐거움을 위해서는 특정 상품을 구입하거나 서비스를 이용하겠다는 트렌드다. 만족감이나 즐거움 같은 심리적 효용이 크다면 가격에 구애받지 않고 망설임 없이 지갑을 열겠다는 뜻이다. 얼마를 주고 샀던 만족스럽게 사용할 수만 있다면 된다는 사용 경험의 강조다.

가심비 트렌드가 나타나고 점점 퍼져나간다고 해서 가성비 트렌드가 없어지거나 약화된 것은 아니다. 가성비 트렌드는 '듀프 소비'라는 신조어를 만들며 새롭게 진화하고 있다.

---

* '가격 대비 성능'의 줄임말로 소비자가 지급한 가격에 비해 제품 성능이 소비자에게 얼마나 큰 효용을 주는지를 나타낸다.
** '가격 대비 마음의 만족'을 추구하는 소비 형태로 가격 대비 성능을 중시하는 가성비에서 파생된 말이다. 가격보다 심리적 만족감을 더 중요시하는 상황을 반영하고 있다.

여기서 듀프는 'Duplication'의 줄임말로 어떤 인기 제품과 매우 비슷하지만 가격은 훨씬 저렴한 제품을 뜻한다.

최근 화제가 된 상품이 있다. 저가 생필품 매장인 다이소의 손앤박 립밤이다. 이 제품은 명품 브랜드 샤넬의 립앤치크밤과 비슷한 발색을 갖고 있으면서도 가격은 20분의 1 수준밖에 되지 않는다는 입소문이 퍼지면서 큰 인기를 얻었다. 요 가복계의 샤넬이라는 평가를 받으며 승승장구하던 룰루레몬의 실적이 급격하게 떨어진 것도 듀프 소비 때문이라는 평가가 있다. Z세대는 오히려 듀프 제품 사용을 자랑스럽고 힙한 (멋진) 것으로 여기며, SNS에 드러내는 성향이 있다. 이런 움직임이 듀프 소비트렌드를 가속화한다.

트렌드를 읽고 활용하는 입장에서는 가성비가 듀프 소비로 혹은 가심비로 변해버린 것이 달갑지 않을 수 있다. 가성비라는 트렌드를 파악해 내 비즈니스에서 뭔가를 하려고 준비했는데, 막상 런칭 시점에 가심비로 바뀌었다면 낭패가 아닐 수 없다. 그러다 보니 트렌드는 신기루 같은 거라고 푸념도 하게 된다.

트렌드를 활용해서 사업을 했다가 실패했다는 사례들도 심심찮게 만날 수 있다. 누구나 알고 있는 트렌드를 새로운 비즈니스에 접목했지만 막상 사람들의 관심을 끌어내는 성과는 내지 못하고, 다른 트렌드가 나타나면서 관심 밖으로 사라진 경우다. 이런 사례를 들여다보면 대체로 트렌드의 꼬리를 잡은 경우가 많다. 트렌드의 꼬리란 이미 많은 사람들에게 해당 트렌드가 노출되고 다양한 산업에서 적용되고 난 후라 더 이상 사람들에게 새롭다는 느낌을 주지 못하는 때를 말한다. 한마디로 다른 트렌드에 의해 대체되기 직전이다. 즉, 트렌드를 활용했기 때문에 실패한 것이 아니라 너무 늦게 진입한 것이 실패의 이유가 된다. 이처럼 트렌드는 고정된 것이 아니라 사람들과의 상호작용 안에서 성장했다가 사라지는 진화의 과정을 거친다.

살아있는 생명체처럼 생성, 성장, 쇠퇴해가는 특징을 갖고 있는 것이 트렌드다. 나타나는가 싶더니 사라지는 것도 있고, 사라지는가 싶더니 또 다른 모습으로 변이하기도 한다. 사람이 영유아기, 청소년기, 장년기, 노년기를 맞이하는 것처럼 트렌드도 1)생성기 2)성장기 3)성숙기 4)쇠퇴기를 거친다. 이를 두고 '트렌드 생명주기'라고 한다. 하나씩 살펴보자.

1)생성기는 막 새로운 변화가 발생하는 시기로 콘텐츠, 유통, 소비재 산업에서 주로 먼저 시작된다. 소비재 안에서도 패션, 인테리어 소품, 문구류, 식품 등에서의 변화가 가장 빠르다. 그 이유는 가격대가 비교적 부담이 없으면서 사용주기도 짧고, 선택을 잘못했을 때 받을 수 있는 리스크도 적어 손쉽게 다양한 변화를 시도해 볼 수 있기 때문이다. 고객은 니

즈가 발생했을 때, 불편함을 느꼈을 때 그리고 변화를 원할 때, 빠르게 다른 대안을 찾아보면서 라이프스타일 변화나 가치관의 변화를 표출한다.

최근의 대세 트렌드인 '나 혼자 살기'나 '1인 가구의 증가'에 가장 발 빠르게 대응한 곳이 유통사다. 얼마전까지만 해도 많은 기업들이 4인 가구를 중심으로 '더 크게, 더 고급스럽게'를 방향타 삼아 상품과 사업을 기획했다. 대형 마트에서도 벌크 형태로 여러 제품을 묶어 저가 실속 상품으로 판매하는 것이 트렌드였다. 하지만 마트에서 반품 물품으로 묶음 상품이 점점 많아지고, 계산대 앞에서 구매를 포기하는 한 덩어리 수박이나 묶음 야채들이 나오는 걸 보고 핵가족화와 1인 가구 증가를 원인으로 지목했다. 대형 마트는 이러한 가설을 검증하기 위해 포장 단위를 줄이거나, 사이즈를 반으로 줄여서 진열해 보고 판매 추이를 살폈다. 소규모 포장과 사이즈를 줄인 제품의 판매가 늘자, 야채뿐만 아니라 다른 카테고리로도 소포장 상품을 확대했다.

사실 트렌드를 잘 읽는 사람은 장을 보러 간 마트에서 소포장 제품이 늘어난것만 보고도 직감적으로 앞으로의 변화 방향성을 예측한다. 즉, 트렌드 생성기의 작고 민감한 변화를 살펴보고자 일부러 소비재나 유통, 콘텐츠 산업에 주목하기도 한다는 뜻이다. 그리고 이렇게 눈에 들어온 변화가 있다면

마트 진열대의 소포장으로 된 야채와 과일
1인 가구의 증가에 따라 마트의 생필품 및 신선 식품의 패키징 단위가 4인(가족) 기준에서 1인으로 바뀌고 있다.

사람들이 어떻게 반응하는지 예민하게 보고 지속해서 살핀다. 변화를 읽었지만 해당 산업에서만 나타났다 사라질 수도 있고, 다른 산업 분야로까지 확산할 수도 있기 때문에 잘 지켜보는 것이다. 당장 결정을 내리는 것이 아니라 추이를 지켜보며 내 산업으로도 적용 여부를 판단, 준비하는 시간을 갖는다.

관심을 갖고 사람들의 반응을 계속 관찰하다 보면 작은 변화로 그칠지 생성기를 거쳐 성장기로 넘어갈지 알 수가 있다. 구매하는 사람들의 긍정적인 표정과 구매 빈도, 나아가 사용 횟수, 온라인에 올라온 리뷰 글의 반응 등 사람들이 말하는 효용이 쉽사리 사라지지 않을 것으로 판단된다면 생성기를 지나 성장기로 발전할 가능성이 커진다. 따라서 초기의 작은 변화를 민감하게 파악하고, 성장기 트렌드로 확산 가능한지 재빨리 판단한다면 트렌드를 적용한 비즈니스를 빠르게 런칭해야 한다.

트렌드가 2)성장기로 접어들게 되면 주변의 다양한 산업으로 빠르게 확대된다. 유통과 식품에서 시작된 트렌드는 의류, 레저, 주거 등으로 퍼져나간다. 대다수 사람들이 변화를 인식하는 시기도 이때쯤이다. '뉴트로'* '언택트 소비'** '가성비 VS 가심비' 처럼 트렌드 신조어도 이때 즈음 만들어진다. 신조어까지 등장했다면 이제 성장기에 들어섰다고 봐야 한다.

성장기의 트렌드를 활용하려면 생성기 때와는 다른 접근이 필요하다. '1인 가구 증가'에 대한 트렌드가 '1人 +Economy'의 합성어인 '일코노미'란 신조어까지 등장시키면서 성장기에 들어섰다고 해보자. 성장기에 들어선 상태에

---

 * 뉴트로(New-tro) : 새로운 복고라는 뜻으로 오래된 것을 다시 불러와 현재의 감성과 가치를 입히는 것을 말한다
 ** 언택트(Untact) 소비 : 사람과 마주치지 않으며 비대면으로 소비하는 것으로 배달 앱이나 매장에서의 키오스크 사용 증가를 예로 들 수 있다

서는 1인용 제품을 개발하거나 소포장 제품을 내는 등의 양이나 크기를 줄이는 것에 그쳐서는 안 된다. 1인 가구의 특성을 고려해 작고(Small) 간편하고(Simple) 빠른(Speedy) '3S' 혜택을 제공하는 새로운 간편식이나 가전제품으로 한 단계 더 나아가는 아이디어가 필요하다.

성장기에는 대응 속도가 관건이다. 누구나 트렌드를 인식할 수 있게 된 만큼 고객이 느끼는 효용을 내 산업에 빨리 접목해 비즈니스 기회로 활용하느냐 그렇지 않느냐가 중요하다.

트렌드가 3)성숙기 단계로 들어섰다면 관련한 많은 제품과 서비스가 나온 상태다. 꽤 많은 사람들이 구매했거나 이용해 본 경험이 있다. 이때는 트렌드를 비즈니스 기회로 보고 접목할지, 접목한다면 어떤 방법으로 접근할지, 어떻게 차별화할지 그리고 고객에게는 기존 제품과 무엇이 다른지, 왜 좋은지 등을 잘 어필하는 것이 중요하다. 하지만 자칫 잘못하면 트렌드의 꼬리를 잡는 격이 될 수도 있기 때문에 이 단계에서는 오히려 역트렌드를 고려해보는 것이 비즈니스적으로 더 유리하다. 즉, 차별화를 택할지 역트렌드를 고려해야 할지를 잘 판단해야 한다.

예를 들어, 성숙기 단계에 놓인 일코노미 상품은 다른 결의 접근이 필요하다. 3S 혜택이라는 이성적 속성을 넘어 '외로움을 달래주는' '심심하지 않은' 등의 감성까지 고려한 상품을 제공하거나, TV에 방범용 CCTV나 애완동물 돌보기 같은 기능을 접목해 좀 더 효용성을 더하거나 공간 활용성을 높여 주는 것처럼 한층 더 업그레이드된 상품이 제공되어야 한다. 그런데 이러한 일이 어렵다면 역트렌드를 고려해서 기존의 '간편함' '스피디한 속도' 대신 '엄마가 만들어 주는 집밥' '제대로 된 한 끼 식사' '내 몸을 위한 슬로우 푸드' 같은 방향으로 틀어야 한다.

4)쇠퇴기가 되면 많은 사람들이 이미 진부하다고 느낀다. 이때는 트렌드를 활용한 상품과 서비스를 제공한다고 해도 사람들에게 새롭다는 인식을 주기 어렵다. 자칫 별다른 차별점 없이 상품을 내놓을 경우 성과를 못 내는 것은 물론이고, 부정적인 이미지마저도 줄 수 있다. 따라서 이 단계에서는 트렌드를 우리 상품에 적용하는 것은 피하는 것이 현명하다.

──── 지금 혹시 주목하는 트렌드가 있다면 내 산업에 적용하기 전에 그 트렌드가 생성, 성장, 성숙, 쇠퇴의 어느 단계에 와 있는지를 생각하는 습관을 가져보자. 단계를 파악했다면 그에 맞춰 빠르게 내 산업의 특성에 맞춰 접목할 것인지, 아니면 반대로 가는 역트렌드가 맞을지, 그것도 아니면 그냥 무시하고 다른 트렌드를 찾는 게 맞는지 고민해보자. 그리고 특정 트렌드를 볼 때 지금까지 어떤 변화 과정을 겪어 왔고 어

떤 산업에 적용되어 고객이 효용을 느꼈는지, 또 앞으로 어떤 방향으로 발전할지를 꼭 생각해 보자. 이렇게 트렌드 생명주기를 보는 안목이 생긴다면 트렌드 읽기 역량은 한층 더 업그레이드된다.

5

트렌드 트리거?
배리어?

워라밸은 'work-life balance'의 줄임 말로 일과 삶의 균형을 추구
하고 이를 중요하게 생각하는 가치관을 말하는 트렌드다. MZ 세
대는 직업 선택에서 연봉, 안정감보다 워라밸이 더 중요하다고 말
한다. 이렇게 중요한 트렌드가 된 워라밸은 어떻게 시작됐을까?
또 어떻게 폭발적으로 성장했을까?

실제 'work-life balance'란 표현은 1970년대부터 영국에서 사용되던 용어다. 일과 삶의 균형, 어찌 보면 당연한 것으로 누구나 가지고 있는 생각 아닌가 할 수도 있지만 2000년대 초반까지만 해도 우리나라에서는 쉽게 들어보지 못한, 사람들에게 중요한 가치관으로 인정받지 못한 키워드였다. 그랬던 워라밸이 어느날 갑자기 나타나 여러 가치관 중에서도 이제는 가장 중요한 것으로 인식되고 있다. 한국 사회에서 워라밸이 주목받기 시작한 이유는 무엇일까? 우리나라의 사회 문화적 상황이 40년 전 영국과 비슷해서일까?

트렌드가 성장하고 소멸하는 데에는 어떤 계기라는 게 작용한다. 발생함과 동시에 빠르게 확산하며 전 산업과 우리 삶에 영향을 주는 트렌드가 있는가 하면 또 어떤 트렌드는 장시간 아무런 영향도 주지 못하다가 갑자기 폭발적으로 확산하면서 트렌드로 자리 잡는 일도 있다. 이는 트렌드가 다양한 환경 요인과 상호 작용을 하며 살아있는 생명체처럼 생성, 성장, 쇠퇴하며 끊임없이 변화하기 때문이다. 즉, 트렌드는 살아 있는 생물처럼 어떤 요인에 영향을 받아 빠르게 확산할 수도 있고 지연될 수도 있다. 이때 트렌드를 폭발적으로 성장시키는 환경 요인을 "트리거"*(Trigger)라 하고, 반대로 정체

---

* 총의 방아쇠, 어떤 반응 혹은 현상을 유발하는 계기를 말한다.

지연시키는 환경 요인을 "배리어"**(Barrier)라 한다.

워라밸의 사례도 환경 요인과의 상호 작용 관점으로 보면 왜 40년 동안 한국에서 뜨지 못했는지 충분히 유추할 수 있다. 1970년대부터 2000년대 초반 우리나라의 기업 문화는 개인보다는 조직, 가정보다는 회사, 휴식보다는 일이 중시되었고 이러한 문화가 일종의 배리어로 작용하며 워라밸의 확산을 막아왔다. 그러던 중 2017년 7월 고용노동부가 '일 가정 양립과 업무 생산성 향상을 위한 근무 혁신 10대 제안'를 발표했다. 2018년 2월 주당 법정 근로시간을 현행 68시간에서 52시간으로 단축하는 정책으로 법안이 국회를 통과하면서 워라밸 확산을 가속화하는(트리거) 요인으로 작용했다. 워라밸 트렌드는 앞으로 출산율 저하와 공동 양육, 1인당 GDP 증가에 따른 개인 삶의 중요성 강조, 창의적인 조직 문화 추구 등의 이유로 빠르게 사회에 뿌리내릴 것으로 보인다. 이제는 워라밸이라는 말만 안 쓸 뿐이지 이미 우리 사회의 중요한 삶의 양식으로 자리 잡았다고 해도 과언이 아니다.

트리거나 배리어의 원인이 되는 환경 요인은 각종 법규의 제정이나 폐지 같은 정치적 이유, 유가 상승과 저성장 기조 같은 경제적 이유, 사회적 갈등이나 환경 문제 같은 사회문

** 장벽, 어떤 반응이나 현상이 일어나지 못하게 막는 것을 말한다.

화적 이유, 신기술 신소재 개발 같은 기술적 이유 등이다. 이들은 모두 거시환경 요인으로 직간접적으로 우리 삶에 영향을 미치며 트렌드의 촉발과 지연을 만든다. 예를 들어, '에너지 효율성을 중시하는 트렌드'는 고유가라는 거시 환경을 만나면 폭발적으로 성장하지만, 그 반대가 되면 정체될 수밖에 없다.

거시환경요인을 분석할 때 일반적으로 PEST 분석을 활용한다. PEST는 Political의 P, Economical의 E, Social(혹은 Social & Cultural)의 S, Technological의 T의 네 가지 주요 범주들의 앞글자를 딴 용어다. 첫 번째 P는 정치 법규 측면의 외부 요인으로 사업과 관련된 정치적 이슈, 주당 근무시간 규제, 최저 임금 인상 등과 같은 정부 정책 및 지원 사항, 법규나 규제의 변화, FTA와 같은 무역협정 변화 등을 들 수 있다. 두 번째 E는 경제적 측면의 외부 요인으로 GDP나 가처분소득의 변화, 이자율의 상승 및 하락, 환율 등락, 원자재 혹은 에너지 가격의 변화, 물가 상승과 하락 등 거시 경제적 측면에서의 요인이다. 세 번째 S는 사회문화적 측면의 외부 요인으로 인구 감소, 고령화, 저출산과 같은 인구변화 추이, 소확행과 가성비 추구와 같은 소비트렌드, 화학물질 사용에 대한 거부감 상승 같은 환경 이슈, 여성의 사회 참여 등 사람들의 가치관 변화 등이 포함된다. 마지막 T는 기술적 측면의 외부 요인으로 5G와 같은 정보통신기술의 변화, 신소재 또는 신기술의 등장, 빅데이터, 블록체인 그리고 최근의 인공지능 열풍 등이다.

주목하는 트렌드가 있다면 그 트렌드의 PEST 요인은 무엇인지 항목별로 이유를 정리해보고 그 중 가장 큰 영향을 미칠 것 같은 것이 무엇인지 또 구체적으로 트렌드로 이어질지 사그라들지, 어떤 거시환경에 따라 변화할지 판단하는 것이 중요하다.

앞에서 설명했던 워라밸 사례를 가지고 PEST 분석을 해보면, 정치 법규(Political)적 요인으로 68시간에서 52시간으로 주당 근로 시간이 줄어드는 근로기준법 개정안이 제도적인 영향력을 발휘했고, 경제(Economical)적 요인으로 1인당 GDP 3만 불로 성장한 소득 수준 향상이 원인이 되었음을 분석할 수 있다. 사회문화(Social)적으로는 1인 가구의 증가와 밀레니얼 세대의 부각, 기술(Technical)적 요인으로는 IT 기술의 빠른 발달이 트렌드 확산의 요인으로 작용했다. PEST 각 요인의 영향도 있지만, 이 중에서 특히 '근로 시간 단축'이 워라밸의 배리어였던 기업 문화를 단기간에 변화시키는 트리거 역할을 했다. 이후 워라밸 트렌드는 폭발적으로 성장하게 되었다.

트렌드의 트리거와 배리어가 거시환경요인이었다면, 패드도 거시환경요인이 트리거나 배리어로 작용할까? 패드는 그것보다는 연예인이나 유명인의 발언, 그들의 리뷰나 경험담 등에 더 크게 영향을 받는다. 모 연예인이 TV 예능 프로그램에서 곱창을 먹는 모습이 방송된 후 '곱창 대란'이라고 불릴 정도로 젊은 층 사이에서 크게 유행하기도 하고, TV에서 산티아고 순례길이 소개된 이후 단체 여행 상품이 등장한 것도 이런 사례 중 하나다. 물론 이런 현상은 패드로 끝날 뿐, 오래 지속되며 트렌드로 발전하는 경우는 드물다. 이처럼 트렌드냐 패드냐 그리고 트렌드 유형에 따라 트리거 혹은 배리어로 작용하는 요소는 달라진다.

만약 어떤 현상이 갑자기 확산되기 시작했을 때 그 원인이 거시적, 환경적 요인인지 혹은 연예인, 유명인의 영향인지 살펴보게 된다면, 트렌드로 발전하게 될지 패드로 끝나게 될지 판단하는 데 도움이 된다.

──── 일상에서 우리가 어떤 주목할 만한 트렌드를 만난다면 계속 성장하는 트렌드가 될지, 패드로 그칠지, 당장 중요한 트렌드로 부상할지 그렇지 않을지를 생각해야 한다. 이런 판단을 잘하기 위해서는 감(感)보다는 해당 트렌드에 영향을 주는 거시환경 요인을 정치적, 경제적, 사회문화적, 기술적 요인으로 나눠 생각해 보는 것이 필요하다. 이런 사고는 트렌드를 제대로 읽고 예측하는 데 있어서 매우 유용한 습관이다.

6

누구에게나 영향을 미치는
메가트렌드

단어 뜻 그대로 장기간에 걸쳐 모든 산업, 모든 대상에게 영향을
미치는 트렌드가 메가트렌드다. 우리 회사는 규모가 작아서, 내가
하는 일은 그렇게 거창하지 않아서 "메가트렌드는 나랑 무관해"
이렇게 말할 수 있을까? 안타깝게도 메가트렌드는 어떤 업종, 어
떤 일을 하고 있더라도 피할 수 없는 트렌드다. 그렇기 때문에 메
가트렌드를 알고 대응하느냐, 아무 생각 없이 있다가 닥쳐서 대응
하느냐에 따라 결과는 크게 달라진다.

일반적으로 5~10년 동안 지속하며 영향을 미치는 트렌드에 비해, 더 오랫동안 광범위하게 지속하며 모든 대상에게 막대한 영향력을 미치는 거대한 트렌드가 있다. 바로 "메가트렌드"다. 말 그대로 메가(Mega =huge, great)와 트렌드(Trend)를 합친 말로 엄청나게 크고 영향력이 큰 트렌드를 말한다. 어떤 현상이나 변화가 전체 공동체로 그리고 전 산업으로 사회 경제 문화 모든 영역에 영향을 주는 것, 나아가 세계적 규모의 변화나 영향을 초래하는 시대적 흐름이다. 메가트렌드는 일반적인 트렌드나 패드에 비해 동조하는 사람들의 범위가 글로벌로 확대되며 지속 시간도 10년 이상이라는 특징을 가지고 있다.

메가트렌드라는 용어는 미국의 작가이자 미래학자인 존 나이스비트(John Naisbitts)가 1982년 출간한 『메가트랜드』라는 동명의 책에서 처음 사용되었다. 이 책은 약 900만 부가 넘게 팔리는 세계적인 베스트셀러가 되었다.

존 나이스비트는 미국 정부로부터 미국의 도시 발전 트렌드에 관한 세밀한 정보를 제공하는 일을 의뢰받고 이를 위해 대학생들을 고용해 각종 인쇄 매체에서부터 인구 통계나 범죄, 학교 제도, 교통, 에너지 분야 등 다양한 자료를 모아 분석했다. 이 자료는 정부 관련 기관과 기업의 의사결정 등에 활용되었고, 트렌드라 칭하는 정보의 기원이 되었다. 존 나이스비트는 이 작업을 반복하면서 고객의 특수한 이해 관계를 초월하는 큰 연관성을 발견하게 되고 이 모형을 '메가트렌드' 또는 '거대한 전환'(Big Shifts)이라고 이름 지었다.

메가트렌드는 돈의 흐름으로 인식되면서 전략과 투자를 다루는 글로벌 초대형 기업들이 매크로한 변화와 그 아래의 마이크로한 변화를 확인하고 이를 사업 전략이나 투자 전략 등으로 활용하는 데 사용하면서 주목을 받기 시작했다. 그러다 점차 기업을 넘어 국가와 사회 전체의 정책이나 방향을 결정하는 데 영향력을 행사하게 되었다.

메가트렌드는 정치, 사회문화, 기술적 측면의 개별적 이슈로 보기보다는 거시적, 구조적 힘의 구조로 이해하는 것이 좀 더 합당하다. 현재 세계는 기후위기, 전쟁에 따른 자원 이슈, 산업 패권 경쟁 등 불확실성이 점점 더 커지고 있으며 변화의 폭도 거세지고 있다. 이에 따라 미래 예측은 점점 더 힘이 든다. 하지만 비즈니스 기회를 찾는 사람들 입장에서는 미래의 잠재적 위협 요인에 대응하고 기회 요인을 발굴하는 등 메가트렌드에 대한 분석은 점점 더 중요한 의미를 갖는다.

지금부터는 대표적인 메가트렌드라 할 수 있는 '고령화' '초불확실성' '저성장' 'IT 융합과 디지털화' 'AI와 빅데이터' 와 관련해서 이들의 영향력과 이들 간의 상호작용에 대한 이야기를 해보자. 독자들도 참고삼아 보면서 여러 메가트렌드에 어떻게 대응하면 좋을지 생각해볼 수 있는 계기로 삼았으면 좋겠다.

먼저 인구 구조의 변화와 '고령화'를 생각해 보자. 전 세계적으로 의학의 발달과 보건 위생, 식생활 수준의 향상으로 평균 수명이 증가하고 있다. 이에 따라 글로벌 중위 연령과 이들의 고령 인구 부양 비율은 계속적으로 상승 중이다. 65세 이상의 고령 인구 1명을 부양하는 데 필요로 하는 20~64세 사이의 노동 인구는 계속 줄어드는데, 이들이 감당해야 하는 고령 인구는 계속적으로 상승하고 있다. 출산율이 감소하는 상황에서 인구 고령화는 더욱 가속화 중이다.[*]

인구고령화는 단순히 의학 발전에 따라 오래 산다는 것에만 그치지 않고 다양한 산업에 영향을 미친다. 먼저 의약품과 의료기기 산업 등이 직접적인 영향을 받았으며, 식품 산업에서는 건강 관리 식품의 증가와 케어 푸드 시장의 확대, 건강보조 식품 시장의 확대가 나타났다. 그리고 피부 노화 저지 같은 안티에이징 기능성 화장품 시장도 확대될 것으로 보인다. 또한 부동산 시장은 주거 선택의 편리성과 기능성 중심으로 전환되고, 고령자나 장애인이 살기 편한 집의 수요도 증

[*] 선진국 중심으로 평균 수명이 증가하고 출산율이 감소하면서 노령 인구의 비중이 높아지면서 인구 고령화가 가속화되고 있다. 이는 의료, 연금, 노후 생활 등 다양한 분야에 영향을 미치고 있다.

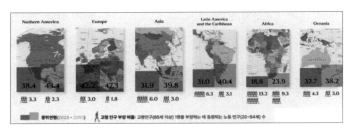

2023년과 2050년 글로벌 중위연령과 고령인구 비율 자료
(이미지 출처: triplelight 홈페이지)

가할 것이다(도로와 집 사이의 단을 없애거나 복도나 출입구의 폭
을 넓게 만드는 배리어프리 주택 등). 금융 상품의 변화도 빠르
게 진행 중이다. 연금이나 배당 상품의 증가와 관심은 이러한
트렌드를 반영하는 것이라 할 수 있다. 그리고 돌봄과 보건에
대한 복지 수요의 증가, 나아가 재정의 증대는 세대 간 갈등
을 유발하기도 한다. 그리고 복지 인프라가 갖춰진 대도시와
그렇지 못한 지역 사이의 갈등이 문제가 되기도 한다. 이처럼
인구 고령화는 다양한 이슈를 양산하며 사회 변화를 일으키
고 있다.

다음은 '초불확실성'(뉴애브노멀, new abnormal)[**]이다. 지
구온난화에 따른 이상 기후로 자연재해가 빈번하게 일어나

[**] 새로운 경제질서를 뜻하는 뉴노멀(new normal)과 대비되는 개념으로 시
장의 변동성이 일시적이지 않고 상시 존재해 불확실성이 매우 커진 상황을 지
칭한다.

　　　　　　　　　　　　1부 | 트렌드에 관한 꼭 알아야 할 것들

고 있으며, 국지적 리스크가 증폭되는 상황에서 전쟁 위기, 금융 위기, 에너지 위기 등도 자연재해만큼이나 자주 발생한 다. 기업 입장에서는 잠깐 존재하고 사라지는 것이 아니라 상 시적으로 존재하는 것으로 여기고 의사결정을 내려야 할 정 도다. 따라서 중장기적인 전략에만 의존해서 고정된 사고를 해서는 안 되며, 유연한 자세로 플랜 B와 플랜 C까지 함께 준비해야 한다.

다음은 '저성장'이다. 유엔의 2024 경제 성장률 전망치를 보면 유엔 주요국의 경제 성장률 평균이 2.4%로, 중국을 제 외하고는 2% 전후이거나 미만인 국가가 대부분이다. 물론 한국의 경제 성장률 전망도 2% 수준이다. 저성장이 메가트 렌드가 된 상황에서는 성장을 전제로 한 양적인 투자보다는 좀 더 전략적인 판단이 뒷받침된 질적 투자로 변화가 필요하 다. 즉, 투자 대상 선정에 있어 위치, 산업, 타겟 선정이 중요 해 인구가 밀집되어 인력수급과 수요가 충분한 도시 중심의 투자가 많아지고, 세계적인 도시화 현상으로 발전하고 있다. 그리고 상품과 서비스의 타겟을 정할 때도 성별, 연령별로 고 객을 나누던 방식에서 일대일 더 나아가 시간, 장소, 상황별 맞춤을 하는 초세분화로 이어지고 있다.

메가트렌드로 빠질 수 없는 것이 기술 혁신이 만들어내는 '디지털화'다. 디지털 혁신은 사람과 사물, 사물과 사물이 네

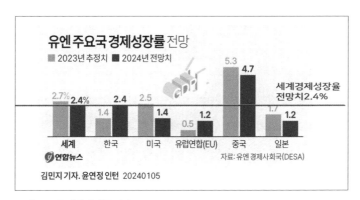

유엔 주요국 경제성장률 전망
(이미지 출처: 연합뉴스)

트워크로 연결되고(IoT) 이들 사이에 오고 가는 수많은 데이터(Big Data)를 분석해서 인간 행동을 예측(AI)하고 이를 활용하는 새로운 가치 생성에 중점을 둔다. 이를 '4차 산업혁명'*이라 부른다. 사람과 사물, 사물과 사물이 네트워크로 연결되어 융합되는 것이 가장 큰 특징으로 인공지능, 자율주행차, 빅데이터, 블록체인 등의 기술 혁신은 특정 산업을 뛰어넘어 IT와 무관하게 여겨졌던 식품, 뷰티 산업 등 전산업에 혁신의 바람을 불어넣고 있다. 이러한 전산업의 IT화와 전 세

---

* 1차 산업혁명은 증기기관 기반의 기계 혁명, 2차 산업혁명은 전기에너지 혁명, 3차 산업혁명은 컴퓨터와 인터넷 기반의 지식정보 혁명

계적인 연결성의 심화는 사회와 경제를 변화시키는 큰 요인이 된다.

메가트렌드는 트렌드끼리의 상호 작용으로 그 영향력이 증폭되고 강화되기도 한다. 인구고령화는 과학기술의 발전과 상호작용하며 생산 인구 감소로 부족해진 노동과 일자리 문제를 스마트 공장과 로봇으로 대체한다. 이에 따라 부득이하게 일자리를 잃는 노동자들이 발생하는 등 노동 시장의 이중 구조*는 더욱 강화될 것이다. 초불확실성은 디지털 기술혁신과 상호작용하면서 기술 패권 전쟁, 과학 기술을 이용한 정치적 영향력 발휘와 안보 이슈 등을 유발한다. 대표적으로 반도체와 인공지능 등을 둘러싼 강대국들의 경쟁은 보이지 않는 전쟁을 방불케 한다.

이처럼 메가트렌드는 산업 전반에 영향을 주며 소비트렌드를 만들거나 혹은 다른 트렌드를 성장시키거나 저지하는 힘의 근원으로 작용한다. 뿐만 아니라 정치, 산업, 경제, 문화 등 모든 분야에서 직간접적인 영향을 미친다. 그렇기 때문에 메가트렌드를 두고 "우리 산업에 맞다 안 맞다" 또는 "트렌드를 따른다 안 따른다"를 따질 필요는 없다. 기회로 작용할

---

* 노동시장이 근로 조건의 질적 차이가 있는 두 개의 시장으로 나뉘는 것을 말한다. 사람들이 선망하는 양질의 일자리를 제공하는 1차 노동시장과 고용 안정성과 임금 등에서 상대적으로 열악한 2차 노동시장으로 구분된다.

지 그렇지 못하고 위협이 될지는 우리의 대응 태도에 달려있다고 해도 과언이 아니다.

──── 메가트렌드는 너무 크고 오랜 시간 지속되기 때문에 대기업이나 글로벌 거대 기업에만 의미가 있지 나랑은 무관하다고 생각할 수 있다. 하지만 그 영향력은 누구도 벗어날 수 없다. 모든 산업과 대상에게 광범위하게 영향을 미치며 장기적으로는 산업 구조와 가치관의 변화에 지대한 영향을 주는 만큼, 보다 적극적으로 대응 전략을 과제로 삼는 것이 필요하다. 메가트렌드가 정책의 변화와 경제 환경 나아가 사회문화적으로 어떤 영향을 미칠 것인지, 사람들의 가치관을 어떻게 바꿔 놓을 것인지, 어떤 기회와 위협을 줄지를 예측해보며 중장기적인 대응안을 마련한다면 커다란 비즈니스 기회를 얻을 수도 큰 위험을 피해 갈 수도 있다. 그리고 각각의 트렌드는 메가트렌드의 영향력 아래에 있다는 사실도 잊지 말아야 할 포인트다. 가장 상위의 트렌드를 이해해야 하는 또 다른 이유이기도 하다.

7

작지만 강한
마이크로트렌드

덕후나 마니아, 오타쿠 등으로 불리면서 그들만의 리그로 치부되던 영역이 이제는 새로운 사업과 매출 확대의 기회로 주목받고 있다. 작지만 강한 힘을 발휘하는 마이크로트렌드, 어떻게 시작하고 활용 방법은 어떻게 될까?

"마이크로트렌드"는 미국의 마케팅 그룹 스테이지웰 (Stagewell)의 회장으로 있는 마크펜(Mark Penn)이 자신의 책 『마이크로트렌드』(2007년)에서 메가트렌드에 대비해 만든 개념이다.

지속 시간은 기존의 트렌드와 비슷하지만, 좀 더 좁은 그룹을 대상으로 하는 것이 특징이다. 사회 전반으로 모든 사람들에게서 나타나는 변화가 아니라 열정적인 소수 집단에게 제한적으로 나타나는 변화다. 마크펜은 개인의 개성이나 라이프스타일을 중시하는 현대 사회에서는 메가트렌드만으로는 변화를 읽어내는데 한계가 있다고 했다. 그리고 마이크로트렌드에 동조하는 사람이 규모는 작으나 열정적이고 주체적으로 그리고 마니아적 기질로 시장을 만들고 유지하기 때문에 새로운 비즈니스 기회를 포착하려면 이에 주목할 필요가 있다고 강조했다.

마이크로트렌드 하면 떠오르는 대표적인 것이 '덕후'와 '덕질'이다. 이제는 일상에서 흔히 사용하는 용어로 어떤 분야에 몰두해 전문가 이상의 열정과 흥미를 가지고 있는 사람과 그들의 활동을 의미한다. 피규어 수집이나 레고 조립 등이 대표적인 덕후의 덕질 사례다. 일부 관심이 있는 사람에게는 주목과 관심의 대상이 되지만, 그렇지 않은 사람에게는 그냥 애들이 갖고 노는 장난감 정도일 뿐이다.

덕후라는 단어가 국내에서 사용되기 시작한 것은 2000년 전후로 일본어 오타쿠(お宅)에서 유래됐다. '오덕후'로 발음하다가 짧게 '덕후'가 되었다. 처음에는 남들이 갖고 있지 않은 특정 취미나 사물 등에 관심을 갖고 있으면서 다른 분야의 지식은 부족하고 사교성이 부족한 인물을 가리키는 용어로 사용되었지만, 점차 의미가 확대되어 지금은 특정 취미에 강한 사람 혹은 마니아 수준에 이른 사람을 뜻한다. 최근에는 자기 분야만 알고 사교성이 부족하다는 부정적 이미지에서 특정 분야 전문가라는 긍정적 이미지로 바뀌고 있다. 그래서 스스로 덕후의 길에 들어섰음을 말하는 '입덕'을 당당히 밝히는 일도 많아졌다(이를 '덕밍아웃'이라고도 한다).

마이크로트렌드가 주목받게 된 것도 덕후에 대한 인식 변화와 무관하지 않다. 이전까지 마이크로트렌드는 특정 사람들에게만 영향을 미치고 이들은 관습에서 벗어나는 행동을 하는 특성이 있어서 시장 규모가 작을 것으로 추정되었다. 구체적인 통계치를 구하기도 어려웠다. 즉, 마이크로트렌드를 타겟으로 사업을 하기에는 시장 규모가 너무 작고 시장 접근도 어렵다는 것이 중론이었다. 하지만 산업 전반에 걸쳐 시장 성숙도가 심화되고, 사회 분위기도 마크펜이 언급한 것처럼 점점 더 각자의 개성과 라이프스타일을 중시하는 방향으로 변화하면서 이러한 인식은 달라졌다. 그 결과 가장 큰 걸림돌이었던 시장 규모나 접근성 문제가 해결되고 덕후는 타겟 마케팅에 가장 적합한 대상으로 여겨지기 시작했다. 게다가 디지털화와 글로벌화로 세계 각지에 흩어져 있는 같은 취미를 가진 개인들이 커뮤니티로 연결되면서, 이들을 마중물 삼아 새로운 비즈니스 아이디어(기회)를 발굴하려는 사람들이 관심을 가지기 시작했다.

패션 플랫폼으로 유명한 무신사의 시작이 운동화 덕후들을 위한 커뮤니티였다는 것은 비교적 잘 알려진 사실이다. 2001년 신발을 유난히 좋아하는 한 고등학생이 프리챌(Freechal)*에 운동화 덕후들을 위한 커뮤니티를 열었고, 이곳에서 회원들은 각자 자신의 운동화를 선보이고 후기와 정보 등을 나눴다. 무신사라는 사명도 당시의 커뮤니티명으로 '무지하게 신발 사진이 많은 곳'이라는 뜻의 줄임말로 한정판 정보 등을 가장 빠르게 접할 수 있다는 점에서 신발 마니아(덕후)의 충족되지 못한 니즈를 채워주며 인기 커뮤니티로 자리 잡았다. 이후 패션 플랫폼으로 성장하는 근간이 되었다. 열정적인 덕후들을 커뮤니티로 묶어낸 것이 비즈니스의 시작이었고 성공의 원동력이었다.

최근 게임 업계에서도 덕후들만 즐기는, 하위문화로 평가

---

* 2000년대 초반 커뮤니티 서비스로 최고 인기를 누렸던 커뮤니티 사이트

받던 서브컬처[*]를 테마로 한 게임이 잇달아 성공을 거두면서 이제는 "덕후를 잡아야 한다"는 말이 공식처럼 취급될 정도가 되었다. 자신의 취미에 진정성 있게 몰입하는 특징을 갖는 덕후들은 관련 상품을 구매하는데도 적극적이고 커뮤니티에서의 정보 교류에도 열심이다 보니 이들의 니즈에 맞는 게임은 예상보다 큰 매출로 연결된다. 그리고 국내뿐만 아니라 해외로도 인기를 이어가면서 새로운 비즈니스를 만들고 있다.

트렌드는 한자리에 머물러 있는 것이 아니라 환경 요인 등에 따라 발전 변화한다. 그렇기 때문에 기업에서는 트렌드 활용 관점에서 마이크로트렌드를 주류 트렌드로 리드하며 시장이나 비즈니스 기회를 확대하는 방향에 대해서 고민해볼 필요가 있다. 덕후들만의 리그로 제한하는 것이 아니라 향후 영향을 미치는 범위를 확대하여 주류 트렌드로 성장할(시킬) 수 있을지 고민하며 보다 혁신적인 사업 기회로 만드는 것이다.

마이크로트렌드가 주류 트렌드로 발전한 사례를 찾는 것은 그리 어려운 일이 아니다. 이제는 명실상부한 주류 트렌드인 비거니즘도 시작은 마이크로트렌드였다. '비건'(Vegan)

---

* 서브컬처(subculture)는 '하위 문화'를 뜻하는 말로 엘리트 문화와 대비되는 대중문화, 소수 집단이 향유하는 문화를 의미한다.

블루 아카이브의 커뮤니티
한국의 넥슨게임즈가 개발한 롤플레잉 게임. 2021년 시작되어 한국을 비롯해 일본 미국 등에서 인기를 얻고 있다. 플레이어는 키보토스라는 학원 도시의 선생님이 되어 여러 학생들과 함께 사건을 해결하며 이야기를 진행한다. 다양한 캐릭터를 수집하는 것이 특징이다.
(이미지 출처 : 넥슨 커뮤니티 블루 아카이브)

이란 단어는 1944년 영국에서 창간된 채식주의 잡지 비건 뉴스(The Vegan News)에서 처음 사용되었다. 베지테리안 (Vegetarian, 채식주의자) 철자의 맨 앞부분과 마지막 부분을 조합한 것으로 어떤 형태의 동물성 제품도 허용하지 않는 완벽한 채식주의자를 뜻한다. 이러한 음식에 대한 철학은 동물 도살을 반대하는 동물보호주의와 지구환경보호와도 연결된다.

비건이 처음 등장한 이후 비거니즘은 일부 사람들만 동조하는 마이크로트렌드였다. 우리나라에서도 초창기에는 비건 식생활을 위해 식재료나 상품, 레시피 관련 정보를 커뮤니티 내에서 교환하는 정도로 시작되었다. 하지만 이후 기후변화의 영향으로 축산물 대량 사육 과정에서 배출되는 온실가스 문제가 크게 이슈가 되고, MZ세대의 환경에 대한 관심 증대가 트리거로 작용하면서 소수의 마니아층 사이에서 유행하는 식문화를 넘어 대중적인 라이프스타일의 하나로 자리잡기 시작했다. 이에 발 맞춰 기업의 적극적인 비건 상품의 출시는 대중화에 크게 기여했다. 이제는 마니아들처럼 비건 커뮤니티에서 정보를 얻지 않더라도 비건인증[*]을 통해 간편식, 베이커리, 아이스크림, 케이크까지 다양한 메뉴를 즐길 수 있다. 최근에는 비건 음식만 전문적으로 파는 마트나 온라인 스토어도 생겨났다. 그리고 식물성 대체육 기술에 대한 기업의 투자도 증가하고 있어서 마이크로트렌드로 시작한 비거니즘이 주류 트렌드로 성장하고 있음을 알 수 있다.

마이크로트렌드는 다음의 세 가지 측면에서 중요성을 인식하고 활용할 필요가 있다. 첫 번째는 사회변화에 따라 주류 트렌드(혹은 메가트렌드) 대비 마이크로트렌드 자체의 중요성

---

[*] '비건인증'은 동물 유래 원재료를 사용하거나 이용하지 않고 교차 오염되지 않도록 관리하며 제품에 동물실험을 하지 않는 기준으로 부여하는 인증이다.

이다. 사회 변화를 나타내는 키워드로 '나노사회' '초개인화' 등을 자주 접할 수 있는데, 모두 집단보다는 개인의 개성, 가치관, 라이프스타일이 부각되는 현상을 보여준다. 개인화 성향이 강한 Z세대[**], 알파세대[***]는 주류 트렌드에 오히려 반감을 가지는 경우도 많다. 트렌드를 읽고 활용하는 관점에서 마이크로트렌드에 주목해야 하는 이유다.

두 번째는 서브컬쳐 게임의 사례처럼 마이크로트렌드에 동조하는 사람들은 관심이 있는 주제에 돈을 쓰는 것을 주저하지 않는다는 사실이다. 그리고 이러한 열정은 한두 지역으로 한정되지 않고 네트워크로 연결되어 글로벌 확산이 가능하다. 스타트업이나 중소기업에서 새로운 사업 기회를 모색한다면 마이크로트렌드에 주목함으로써 주류와의 차별화를 꾀할 수 있다. 이를 위해서는 커뮤니티 내에서 이루어지는 이들의 대화에서 특성, 추구하는 가치, 충족되지 못한 니즈, 요구 사항 등을 깊이있게 파악하고 대응하는 것이 중요하다. 그리고 마니아적인 요구뿐만이 아니라 일반인들도 즐길 수 있는 요소를 추가해서 상품을 개발해야 한다.

[**] Z세대(Generation Z): 1990년대 중반부터 2010년까지 태어난 세대로 스마트폰이 본격적으로 보급되기 시작한 2010년대 초반 10대를 보낸 세대다.
[***] 알파세대(Generation Alpha): 2010년 부터 2024년 까지 태어난 세대로 스마트폰이 대중화된 이후에 태어난 세대다.

마지막 세 번째는 비거니즘에서 본 것처럼 마이크로트렌드가 주류 트렌드로 성장할 수 있다는 점을 염두에 두고 활용해야 한다는 것이다. 성장 가능성을 보고 다른 사람들보다 먼저 관련 비즈니스를 만들 수 있으며 이 과정에서 보다 적극적으로 주류화를 리드하는 것도 가능하다. 이를 위해서는 마이크로트렌드에 영향을 미치면서, 트리거 혹은 배리어로 작용할 수 있는 환경 요인의 동향을 같이 살펴보는 것이 중요하다.

—— 마이크로트렌드의 중요성을 인식하고 비즈니스 기회로 연결하고자 하는 고민은 트렌드를 읽고 활용하고자 하는 관점에서 과거보다 점점 더 중요해지고 있다. 하급 문화 혹은 '그들만의 세상'으로 편견을 갖고 보기보다 언제든 주류가 되고 대중문화를 이끌 수 있는 새로운 시장의 발상지로 마이크로트렌드를 눈여겨보는 것이 중요하다.

8

타겟으로 활용되는
세대트렌드

한때 뉴스에는 기성 세대와 MZ세대를 비교하고, 이들의 특징과 이들이 열광하는 상품이나 서비스에 관한 소개 기사가 넘쳐났다. 하지만 언제부터일까? 이제는 잘파세대[*]가 주목을 받더니 이들과 관련된 상품과 기사들이 쏟아진다. 기업의 관심 대상이 이렇게 금방 바뀌는 이유는 뭘까? 세대별로도 트렌드가 존재하고 서로 상이하기 때문이다. 기업 입장에서 바뀌는 세대를 계속적으로 이해하고, 활용하기 위해서 어떻게 해야 할까?

* 잘파세대(Z+alpha)는 Z세대와 알파세대를 합쳐 부르는 말이다.

"세대트렌드"는 동일 기간에 태어난 사람들을 세대라는 개념으로 묶어 이들 사이에 구별되는 가치관, 라이프스타일을 의미한다. 한 세대는 보통 15년 간격으로 구분한다. 독일의 사회학자 카를 만하임(Karl Manheim)은 '세대'라는 개념을 사회 현상으로 처음 주목했다. 그는 세대 구분에 있어 연령보다는 동일한 경험이나 사건을 공유하는 것이 더 중요하다고 강조했다.

세대별 행동 방식은 민주화 운동, IMF, 인터넷, 소셜 미디어 같은 사회적으로 매우 영향력 있는 경험을 같이한 무리들 사이에 형성되어 일생 동안 따라다닌다. 유사한 문제에 직면했으며 문제를 해결할 수 있는 인프라가 같다 보니 공통의 가치관과 라이프스타일, 행동 방식을 갖고 있다. 이러한 유사성을 가진 세대는 새로운 사업을 기획하거나 상품 및 서비스를 개발할 때 주요한 타겟 집단으로 활용된다. 타겟이란 세분화된 전체 시장 중 유사한 특징을 갖는 특정 집단으로 만들려는 제품이나 서비스가 가장 잘 맞는 대상 그룹이다. 타겟을 명확히 하면 개발 방향이 구체화 되는 것은 물론이고 마케팅 자원도 효율적으로 쓸 수 있다.

타겟으로서 세대트렌드를 활용하기 위해서는 다음의 두 가지 측면에서 세대트렌드를 이해해야 한다. 첫 번째는 비즈니스 기회와 차별화 관점에서 세대별 움직임에 주목하는 것이다. 예를 들어, 밀레니얼 세대와 Z세대를 합친 MZ세대가 떠오르면서 다양한 상품과 서비스가 쏟아져 나왔고, 이후 자연스럽게 Z세대(혹은 젠지*)와 그다음 알파 세대에까지 대응하는 상품이 나왔다. 사실 MZ세대 전에도 베이비붐세대**나 X세대***가 있었고 이들이 주목받던 시절이 있었다. 이처럼 시간의 흐름에 따라 주목받는 세대는 지속적으로 바뀐다. 따라서 새롭게 부상하는 세대가 어떤 특징과 니즈를 갖고 있는지 파악한다면 새로운 비즈니스 기회를 얻을 수 있다.

카카오뱅크는 금융 시장에 후발 주자로 참여하며 차별화 관점에서 세대트렌드에 집중한다. 기존 금융기업들이 X세대나 MZ세대에 집중하던 것과 달리 알파세대에 집중했다. 알파세대는 밀레니얼세대의 자녀로 일찍부터 부모로부터 경제 교육을 받고 각종 디지털 기기 활용에 익숙하지만, 아직은 미성년자이기 때문에 부모 명의의 카드를 사용한다. 이점을 눈여겨 본 카카오뱅크는 이들을 대상으로 금융권에서는 처음으로 만 14세에서 18세 미만 청소년 타겟의 10대 전용 서비

---

* 젠지는 'Generation Z'의 줄임말로 1990년대 중반(혹은 후반)부터 2000년대 중후반에 태어난 세대다.
** 베이비붐세대(Baby Boom Generation): 1946년부터 1964년까지 태어난 세대로 밀레니얼 세대의 부모인 경우가 많다.
*** X세대(Generation X): 1965년부터 1980년 사이에 태어난 세대로 베이비붐 세대와 밀레니얼 사이의 중간 세대이며, MZ세대의 부모 뻘이 된다.

카카오뱅크 미니카드
청소년 대상으로 최초로 만들어진 신용카드. 신분증이 아직 없는 학생들의 니즈를
간파하고 휴대폰 번호만으로도 카드를 발급받고 사용할 수 있도록 했다. 교통기능과
송금기능을 포함하고 있다.
(이미지 출처 : 매일경제)

스인 '카카오뱅크 미니'를 출시했다(2020년). 미니는 신분증
이 없어 금융 활동이 어려운 알파세대의 니즈를 파악하고 이
를 해결하는 솔루션으로, 휴대폰 번호만 있으면 쓸 수 있는
카드였다. 미니는 온오프라인 결재수단으로 교통카드 기능
과 송금 기능을 스마트폰과 연동했다. 출시 한 달 만에 가입
자 50만 명을 확보했고, 1년 만에 누적 가입자 수가 100만
명을 돌파했다.

카카오뱅크 이후 토스의 유스카드, 케이뱅크의 하이틴카
드 등 유사한 혜택을 담은 상품들이 줄이어 출시되었고, 알
파세대는 금융권에서 가장 주목하는 세대가 되었다. 카카오
뱅크는 타 금융사보다 한발 앞서 이러한 흐름을 읽고 변화를

리드함으로써 매출 증대뿐만 아니라 새롭게 부상하는 알파세대를 자신들의 고객으로 선점하는 효과를 거두었다. 동시에 알파세대가 선호하는 혁신적인 브랜드라는 이미지도 얻었다.

세대트렌드를 활용하는 두 번째는 타겟팅한 세대의 가치관과 라이프 스타일에 변화에 주목하는 것이다. 앞서 설명한 것처럼 같은 세대는 유사한 경험을 통해 공통의 가치관, 라이프스타일, 행동 방식을 갖고 있다. 이러한 세대별 경험은 평생 지속되지만 그렇다고 고정되는 것은 아니다. 이들이 성장함에 따라 이들을 둘러싸고 있는 환경도 변하고 관심을 갖는 주제 역시도 함께 변한다. 따라서 내가 주목한 세대, 나의 비즈니스의 타겟이 된 세대의 트렌드에 대해서는 늘 관심을 갖고 지켜볼 필요가 있다.

욜로는 먼 미래보다 현재의 행복을 중시하는 MZ세대의 가치관과 라이프스타일을 잘 표현하는 키워드다. 하지만 글로벌 경기침체에 따른 금리와 물가 상승, 급격한 주택가격 상승 등의 환경 변화는 이제 독립하거나 결혼을 앞둔 MZ들의 가치관에 변화를 가져왔다. 이들은 현재의 행복을 즐기는 욜로 대신 미래 관점에서 자기 계발을 중시하고 지출을 관리하는 '갓생' '무지출'이라는 반작용에 해당하는 역트렌드를 만들어냈다. 만약 MZ세대가 우리 비즈니스의 주요 타겟이라면

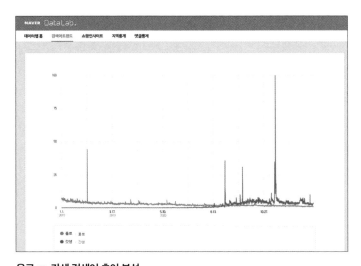

욜로 vs. 갓생 검색어 추이 분석
2018년부터 2023년까지 네이버 데이터랩을 이용한 분석 결과
(MZ세대에 해당하는 25~39세를 대상으로 함)

이러한 변화를 빠르게 캐치하고 대응해야 한다.

세대의 변신은 또 다른 신조어의 등장으로도 새롭게 정의된다. 우리나라 경제 성장(나아가 민주화)의 주역이었으나 이제는 이미 은퇴했거나 은퇴를 앞둔 베이비붐세대를 부르는 신조어로 '액티브 시니어' '쏠드족' 등이 있다. 액티브 시니어는 숫자상의 나이보다 젊다고 스스로를 인식하고 실제로도 활발한 사회 활동을 하는 시니어를 총칭하는 용어다. 쏠드족은 스마트(Smart)와 올드(Old)를 합친 말로 디지털, 언택트 시대에 빠르게 적응하면서 적극적으로 은퇴 자산을 관리하는 시니어를 뜻한다. 둘 다 같은 세대지만 환경 변화에 따라 새롭게 네이밍이 된 신조어다.

세대내 가치관 변화에 따라 세대를 칭하는 신조어가 바뀐 예도 있다. 지금의 40~50대에 해당하는 X세대는 20대 무렵 '오렌지족'이라 불렸다. 부자 부모의 경제력를 사용하며 화려한 소비 생활을 누리는 20대 청년들을 부르는 단어였다. 물론 이 말은 당시 스무살 청년 세대 전체를 대변하는 것은 아니었지만 세대의 특징을 단적으로 드러내는 단어임에는 틀림 없었다. 이제 이들은 'X-teen' 혹은 '영포티'로 불린다. 영포티는 젊은 감각을 유지하는 혹은 젊게 살고 싶어하는 40대를, X-teen은 10대인 자녀와 교감하고 소통할 수 있는 새로운 부모를 의미한다. 신조어의 등장은 주목할 만한 새로운 흐름을 대변하면서 동시에 새로운 비즈니스 기회로 타겟팅이 가능한 세대의 출현을 의미한다.

──── 세대트렌드는 새로운 사업을 기획하거나 상품 및 서비스를 개발할 때 주요한 타겟으로 활용되어 온 만큼 트렌드를 읽고 활용하는 관점에서 결코 간과할 수 없는 트렌드 유형이다. 세대트렌드 파악을 위해서는 확산에 영향력이 큰 주류 세대의 변화를 한발 앞서 읽어내는 것 그리고 각 세대의

가치관과 라이프스타일 변화를 파악하는 것, 이 두 가지 측면에서의 변화를 주목해야 한다. 이는 새로운 비즈니스 기회의 탐색뿐만 아니라 상품기획, 마케팅 전략의 효율성 확보를 위해서도 중요하다. 다양한 세대에 관심을 갖고서 이들의 변화를 계속해서 주목해보자.

9

유형별 트렌드를
활용하는 습관

트렌드에는 다양한 유형이 있다. 이를 나누는 기준 또한 다양하
다. 1~2년 짧은 유행처럼 지나가는 것은 패드라 했고, 5~10년 사
이의 변화는 트렌드, 10년 이상은 메가트렌드라고 했다. 또한 소
수 그룹을 대상으로만 하는 트렌드는 마이크로트렌드라고 했다.
나이대별로 구분되는 트렌드는 세대트렌드라고 한다. 이외에도
소비트렌드, 기술트렌드, 산업트렌드 등 다양한 트렌드 유형이 존
재한다. 어떻게 보면, 이름 붙이기 나름인 것도 같지만, 이렇게 점
점 세분화 되는 이유는 더욱 다양해지는 고객의 니즈를 따라가기
위함이다.

트렌드 유형을 구분하는 두 개의 축, 트렌드가 지속되는 시간과 트렌드에 동조하는(트렌드가 영향을 미치는) 사람의 범위를 각각 가로축과 세로축으로 설정하고 트렌드, 패드, 마이크로트렌드, 메가트렌드의 위치를 표시하면 아래 그림과 같다.

트렌드와 패드의 구분은 동조하는 사람들의 범위가 아닌 지속 시간으로 결정된다. 이에 따라 지속 시간이 몇 달 길어야 1~2년 정도인 패드는 트렌드 대비 왼쪽에 위치한다. 트렌드는 보통 5~10년에 걸쳐 성장, 정체, 후퇴 등의 변동 경향을 갖고 있다. 영향을 미치는 대상과 범위가 제한적인 마이크로트렌드는 지속시간보다는 동조하는 사람의 범위에서 트렌드와 구별되므로 하단에 위치한다. 마지막으로 메가트렌

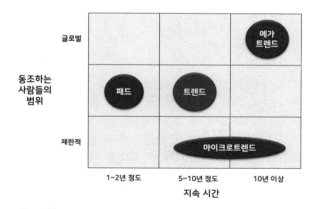

트렌드 유형
동조하는 사람들의 범위와 지속 시간에 따른 트렌드 구분이다.

드는 전 산업, 전 인류 공동체의 사회, 경제, 문화적 변화까지 영향을 주며 10년 이상 글로벌하게 영향을 주기 때문에 오른쪽 상단 끝 부분에 위치한다. 세대트렌드는 구분 기준 상 이 그림에 포함하기는 어렵다.

트렌드 유형(트렌드, 패드, 메가트렌드, 마이크로트렌드, 세대트렌드) 별로 비즈니스적으로 어떻게 활용해야 하는지 다시 한 번 더 점검해보자. 앞서 각 트렌드의 특징을 설명하면서 했던 얘기도 있지만 최종 정리한다는 관점에서 다시 한번 살펴보면 좋겠다.

첫 번째, 트렌드는 생명주기(생성/성장/성숙/쇠퇴) 상 현재 어느 단계에 있는지 파악하고, 단계별로 대응하는 것이 중요하다. 당연한 얘기겠지만 성숙기보다는 생성기 혹은 성장기 단계에 진입하는 것이 좋다. 성장기에 있는지 확인하기 위해 객관적이고 정량적인 숫자를 원한다면, 빅데이터 분석을 통해 트렌드 관련 소셜 버즈량*을 분석해 볼 수 있다. 또한 연관 업종 매출 추이 자료로 성숙 단계를 파악해 볼 수도 있다.

두 번째, 패드는 사람들의 동조 범위는 넓지만 지속 기간이 매우 짧다는 특징을 갖고 있다. 따라서 무엇보다 적시성이

---

* 소셜미디어에서 특정 주제에 대해 게시한 글의 숫자로 사람들이 그 주제에 얼마나 관심을 가지고 이야기를 나누고 있는지를 측정하는 지표이다.

중요하다. 자칫 마케팅 준비, 상품 개발 중에 패드의 지속 기간이 끝나버린다면 낭패가 아닐 수 없다. 신중한 의사결정 보다는 기존의 상품과 서비스를 활용하여 빠르게 대응하는 타이밍에 유의하는 것이 핵심이다.

세 번째, 메가트렌드는 전 산업, 전 공동체에 10년 이상 글로벌 하게 영향을 미친다. 그러므로 산업의 종류와 상관없이 깊이 이해할 필요가 있다. 특히 비전 수립, 전략 과제 선정, 대규모 투자 결정 등의 상황에서 반드시 검토되어야 한다. 그리고 국가 정책이나 규제 변화, 환율이나 원자재 변화 등의 경제적 요인, 글로벌한 사회문화적 가치관의 변화, 기술의 진보 등을 꼼꼼하게 지켜보는 것이 필요하다. 메가트렌드가 자사 관점에서 기회가 될지, 위협이 될지는 어떻게 잘 대응하느냐에 달려있다.

네 번째, 마이크로트렌드는 지속기간이 비교적 길고, 동조 범위가 좁아 타겟 마케팅에 적합하다. 하지만 기업이 마이크로트렌드를 활용할 때는 다른 트렌드와 달리 몇 가지 주의사항이 있다. 마이크로트렌드에 동조하는 덕후들은 해당 트렌드에 대해 누구보다 잘 알고 있는 전문가다. 따라서 이들이 열정을 쏟는 이유를 정확하게 이해하지 못한 채 시장에 진입했다가는 오히려 역효과를 낼 우려가 있다. 이러한 리스크를 방지하려면 사업 검토 단계에서부터 시장과 고객(덕후)에 대한 조사를 심층적으로 진행하는 것이 중요하다. 이들에게 자문을 얻거나 상품 개발 과정이나 마케팅 프로그램에 프로슈머*로 참여하도록 하는 것이 좋은 방법이 될 수 있다. 그리고 사업 범위를 덕후 대상의 작은 시장으로만 한정 짓지 말고, 장기적 관점에서 마이크로트렌드의 주류화 가능성을 보고 적극적으로 리드하는 것을 고려해야 한다. 물론 이를 위해서는 마이크로트렌드에 영향을 미치고 나아가 트리거 혹은 배리어로 작용할 수 있는 환경 요인이 무엇인지 동향을 살피는 것이 중요하다.

다섯 번째, 세대트렌드는 다른 세대와 차별화되는 가치관과 유사한 라이프스타일을 가진 집단의 트렌드로 상품과 서비스를 개발할 때 주요 타겟으로 삼을 수 있다. 그 대상(타겟)을 누구로 할 것인지 정하는 것은 사업 전략의 기본이다. 시장세분화와 타겟팅에서 각 세분 시장이 구분되는 가장 중요한 조건이 동질적인 특성인데, 세대트렌드는 이 조건에 맞아떨어진다. 기존에 집중하던 고객 집단과 새롭게 주목하려는 집단이 세대적으로 다르다면, 이미 선점한 기업의 대응 형태나 미대응으로 인해 발생하는 기회, 이에 대한 방안을 같이

---

* 프로슈머(prosumer)는 미래 학자 앨빈 토플러(Alvin Tofler)가 만든 용어로 생산자와 소비자의 역할을 동시에 하는 사람을 뜻한다.

만드는 것이 좋다. 그리고 세대트렌드 파악과 이에 대한 대응이 경쟁사 보다 늦었다면, 미래에 부각될 것으로 판단되는 다음 세대를 타겟으로 삼아 비즈니스를 준비하는 것이 현명한 방안이 된다.

이번에는 기업의 비즈니스 전략에 따라 트렌드를 어떻게 활용하는 게 적합한지 정리해보자. 기업에서 활용되는 비즈니스 전략은 의사결정 단계에 따라 기업 전략, 사업 전략, 직능별 전략으로 구분된다. 그리고 기업 – 사업 – 직능으로 위계구조(hierarchy)를 갖는다. 즉, 상위 전략에 하위 전략이 영향을 받는다.

기업 전략은 가장 상위 단계의 전략으로 목표와 비전을 설정하고 어떤 영역에서 사업을 하고자 하는지, 사업별로 어떻게 자원을 배분할지 포트폴리오를 정하는 것이다. 트렌드 유형 중 이 단계에 영향을 미치는 것은 메가트렌드다. 메가트렌드를 반영하여 기존 사업을 축소하거나, 신성장 동력이 될 신규 사업을 추진하는 등 사업 영역의 변화, 이에 따른 대규모 투자 결정, 기존 사업의 투자 규모 변화 등이 이뤄질 수 있다.

사업 전략은 기업 전략을 수행하기 위해 각 사업 단위에서 상품 및 서비스 품질, 가격, 유통 등으로 경쟁 우위를 확보하는 방법을 의미하며 경쟁 전략이라고도 불린다. 메가트렌드는 기업 전략뿐만 아니라 사업 전략 단계에서도 신상품 개발, 서비스 개발, R&D 방향 등에 영향을 미친다. 그리고 마이크로트렌드와 세대트렌드는 사업 타켓 정의에 중요한 역할을 하며 상품 라인 확장 등 새로운 비즈니스 기회 창출에 영향을 미친다. 강력한 차별화 요소가 되기도 한다.

마지막으로 직능별 전략은 생산, 영업, 마케팅, R&D, 커뮤니케이션 등 각 부문별 전략으로 사업 전략 추진을 위한 실행 방법을 구체화하는 단계다. 단기 상품 개발이나 프로모션 차원에서 패드를 활용하는 것을 고려해 볼 수 있다. 프로모션 기획을 하고 이벤트 상품을 만들거나 하는 식의 대응은 새로운 매출 확보 전략이 될 수 있다.

지금까지 설명한 트렌드 유형 외에도 소비트렌드, 기술트렌드, 소재트렌드, 산업트렌드 등도 있다. 이들에 대해서도 간략히 살펴보자.

먼저 소비트렌드는 소비 현상에서 나타나는 일정한 방향이나 경향성으로 트렌드 중 소비와 관련된 변화만 모은 것이다. 1990년대 중반 미래학자이자 컨설턴트인 페이스 팝콘 (Faith Popcorn)이 '코쿠닝' '작은 사치' 등 라이프스타일의 변화를 다루는 신조어를 만들면서 시작되었다. 통상 소비트렌드를 신조어를 써서 설명하는 경우가 많다. 언론에서는 화제성있는 뉴스로 다루기 쉽다 보니 이를 경쟁적으로 소개하면서, 지금은 '트렌드'라고 하면 의례껏 소비트렌드를 가장 먼저 떠올린다. 연말이면 각종 서적들이 여러 트렌드 키워드를 쏟아내는데 트렌드, 패드, 메가트렌드, 마이크로트렌드, 소비 트렌드, 세대트렌드 등이 특정 기준 없이 혼재되어 사용된다. 그래서 이를 잘 구분해서 살피는 것이 필요하다.

기술트렌드는 기술 분야의 변화 동향이다. 일반적으로 기술부서, R&D 연구원들이 주로 관심을 갖는다. 하지만 IT 기반의 디지털화가 메가트렌드로 자리잡으면서 비즈니스 전 분야에서 이를 어떻게 활용하고 접목할지를 고민하고 있다. 따라서 기술부서만이 아니라 신규 사업 추진과 관련된 사업 기획, 경영전략, 상품 기획, 영업과 마케팅 부서 등에서도 관심을 가져야 하는 트렌드다.

기술과 비슷하게 새로운 소재도 하나의 트렌드가 될 수 있다. 주로 R&D부서의 관심 영역이며 새롭게 떠오르는 소재를 제품에 접목하는 것이 개발자의 주요 업무였다. 하지만 빠른 시장 변화와 경쟁 심화에 제품의 사이클은 점점 더 짧아지고 고객과 시장 요구사항에 맞춰야 하는 필요성은 점점 더 커지면서 R&D 개발과 상품기획, 마케팅과 영업이 구분되기보다 사업형 R&BD*로 합쳐지고 있다.

* R&BD: 사업화(Business)가 가능한 연구개발(Research & Development)을 하자는 의미의 합성어다.

기술과 소재트렌드는 남들보다 빠르게 선구자적으로 활용할 경우 크게 차별화가 가능하지만 후발로 도입하는 경우 차별화가 쉽지 않다. 보통 해당 산업의 1~2위 업체나 이미 경쟁력을 가지고 있는 기업이 기술과 소재를 다른 기업보다 빠르게 활용하고 경쟁력을 유지하는 카드로 활용한다. 따라서 후발로 트렌드를 적용하고자 할 때는 선발 기업의 들러리가 되지 않을지 고민하고, 어떻게 차별화할 것인지 묘책을 갖고 시작하는 것이 중요하다.

마지막으로 산업트렌드가 있다. '00년 산업트렌드' 또는 '기술 혁신에 따른 산업트렌드'라고 하면 산업계 전반에서 관심이 집중되는 산업이 어떤 것인지 부진할 것으로 예상되는 산업은 어떤 것인지 환경 변화, 국제 정세, 기술이나 소재의 변화 관점에서의 전망을 의미한다. 좀 더 좁은 의미로는 게임 산업, 식품 산업, 여행 산업 등 각 산업 내에서의 변화 동향을 의미한다. 주로 경쟁 상황이나 환경 요인 변화에 따라 산업의 미래를 예측하는 형태로 활용할 수 있다. 산업트렌드가 그동안은 해당 산업에 종사하는 사람들에게만 중요했지만, 점점 더 산업간 융합으로 인해 지금은 나와 무관하다고 생각되는 것도 관심 있게 살펴볼 필요가 있다.

──── 소비트렌드든, 기술트렌드든, 산업트렌드든 트렌드는

현재의 모습만 말하는 게 아니라 앞으로의 방향성도 함께 포괄한다. 그래서 트렌드를 잘 읽는 사람은 기본적으로 지금 유행하는 것이 무엇인지, 그리고 길게 갈 것인지 반짝 떴다가 사라질 것인지, 일부 사람에게만 해당할지 누구에게나 보편타당할지, 이러한 트렌드 유형을 잘 구분한다. 각 트렌드 유형마다 어떻게 다르고, 또 어떤 식으로 변화를 겪는지, 비즈니스 기회 창출이라는 측면에서는 어떻게 활용할 수 있는지 잘 살펴야 한다.

2부
—
트렌드
읽는
습관

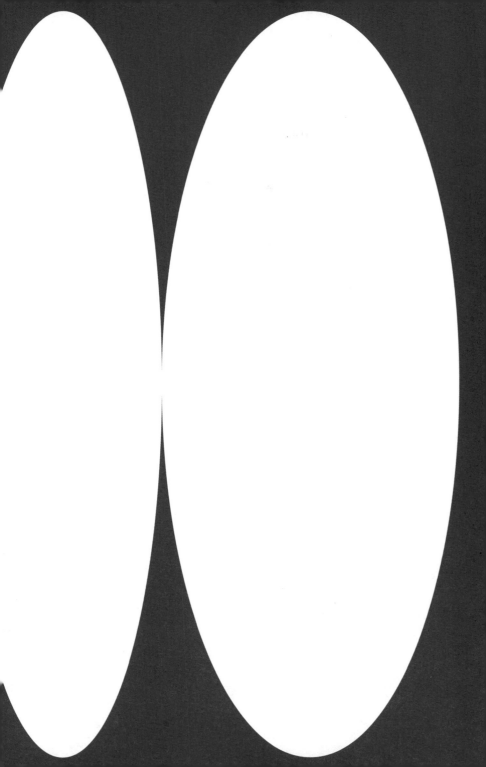

1

트렌드 읽기는
"정보를 체계화"하는 과정

아침마다 읽는 뉴스 중 의미 있다고 생각되는 기사는 SNS에 업데이트해둔다. 메일로 받는 뉴스레터 중에서도 다시 봐야겠다 생각되는 기사나 보고서가 있다면 마찬가지로 따로 저장해 둔다. 친구와 수다를 떨다가 혹은 회사 동료와 이야기를 나누다가 '어 이거 괜찮네' 싶은 내용도 메모로 남겨 둔다. 이렇게 모아둔 자료들을 시간이 될 때마다 살펴보면서 흐름을 읽으려고 한다. 그러면 개별로 볼 때는 안 보이던 의미나 공통점 같은 것이 찾아진다.

일본의 대표적인 익명 커뮤니티(게시판) 사이트인 2채널 (2ch), 이곳에서 한 회원이 올린 사진 한 장이 화제가 되었다. 사진은 평소에는 보기 힘든 회오리를 연상시키는 구름 사진 으로 "지진의 전조현상으로 나타나는 지진운일 수 있다"라 고 했다. 조작된 사진이 아니냐는 댓글도 있었지만, 자신도 찍었다며 비슷한 사진을 올리는 다른 사람도 생겨났다. 논란 이 되자 일본 기상학회에서는 전혀 근거가 없다고 설명했다. 하지만 강력한 지진이 있었던 칠레, 중국 쓰촨성 등에서도 비 슷한 구름이 나타났다고 여러 사람들이 다시 주장했다. 게다 가 일본 후지TV의 한 프로그램에서는 실제 지진이 일어나기 전 특이한 구름이 형성되는 것을 실험으로 확인하기까지 했 다. 일부 전문가들도 지진 진동에 따라 가스 형태가 바뀌어 구름 모양으로 나타날 수 있음을 주장했다. 시작은 커뮤니티 의 사진 한 장이었지만, 비슷한 사진이 추가로 나오고 과학 적인 실험 결과와 전문가 의견까지 더해지면서 회오리 모양 구름은 점점 더 지진의 전조 증상이라는 것으로 힘이 실리는 분위기다.

지진운 가설이 힘을 얻게 된 사례에서 보는 것처럼 나와 무관한 정보에 대해서는 의미 없이 지나치는 경우가 많지만 이런 정보가 한 번이 아니고 여러 번, 다양한 장소에서 일정 한 패턴을 보이며 나타나기 시작하면 사람들은 "뭔가가 있는

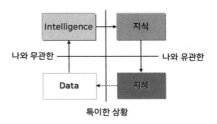

정보의 유형과 정보 사이클
일반적인 데이터 정보가 인식되기 시작하면서 특이점이나 방향성을 보여주는 인텔리전스가 된다. 누적된 인텔리전스를 내 상황에 맞춰 적용하게 되면 지식이 되고 노하우가 된다. 이후 특별한 케이스에서 이를 활용하게 되면 지혜가 된다.

데"라는 생각을 하게 된다. 그러다 후지TV의 실험처럼 신뢰할 만한 누군가가 '확인했다' 혹은 '성공했다'라고까지 하게 되면 해당 정보에 의미를 부여하며, 점점 더 신뢰하게 된다. 이 과정은 절대 한순간에 일어나지 않는다. 소문이 점점 확대되다 진실로 판명되는 것처럼 신뢰성 확보라는 과정을 반드시 거친다.

트렌드 관련 정보도 마찬가지다. 처음에는 스쳐 지나가는 사실에 불과해 의미 없이 지나치게 되지만, 정보가 쌓이기 시작하고 누군가가 정보를 인증하기 시작하면 뉴스가 되고 트렌드가 된다. 트렌드를 읽는 습관으로 "일상의 관찰"이 중요한 이유는 다양한 정보를 체계적으로 모으고 전략적으로 활용할 때 트렌드를 잘 읽을 수 있기 때문이다.

정보와 관련해서 데이터, 지식 등의 용어를 엄밀히 구분하지 않고 사용하는 경우가 많다. 이를 구분하기 위해서는 발생한 상황이 일반적인지 특이한지, 나와 무관한 것인지 연관이 있는 것인지, 이렇게 두 가지 기준으로 살펴보는 것이 중요하다.

특이한 것(상황)이란 앞서 지진 에피소드에서 커뮤니티 회원이 올린 사진 데이터 같은 것을 말한다. 그런데 한 장이면 조작이라고 하겠지만 여러 장이 누적되면 신빙성 있는 정보가 돼버린다. 이처럼 특이한 상황에서 일반적인 상황으로 인식되는(발견되는) 정보를 인텔리전스(intelligence)라고 한다. 누적된 인텔리전스를 내 상황(우리 조직의 인프라 특성 등)에 맞춰 적용하게 되면 지식(Knowledge)이 되고 우리만의 노하우가 된다. 그리고 지식이 쌓여 새로운 상황이 전개되었을 때 이를 활용할 수 있다면 지혜(전략적 의사결정)가 된다. 하나의 데이터는 무시될 수 있지만 데이터가 누적되어 경향을 보이기 시작하는 정보(인텔리전스)가 되면 힘을 발휘하기 시작한다. 그리고 누적된 인텔리전스를 적극적으로 활용하는 시도를 하게 되면 지식이 된다. 따라서 정보는 단편적일 때보다는 누적되어 어떤 패턴을 찾아낼 때 의미가 생기고, 내 관점으로 적용될 때 지식으로 발전할 수 있다. 그리고 이런 과정이 트렌드를 예측하는 것이 된다.

트렌드 생성기는 데이터 단계로 나와 무관한 곳에서 일회성으로 나타나는 정보이기 때문에 놓치기가 쉽다. 그런 이유로 트렌드 생성기의 정보들을 무척 예민하게 관찰하는 것이 필요하다. "뭐지?" "누가 좋아하는 거지?" "왜 좋아하는 거지?" "대중적으로 확산할까?" "확산의 모멘텀은 뭘까?" 같은 질문을 자주 던져 보는 것이다.

데이터가 반복되고 누적되며 어떤 경향을 보이는 성장기가 되면 트렌드는 신조어 형태로 많은 사람과 장소에서 반복적으로 보인다. 이 단계쯤이 되면 내 일(나의 조직)의 관점에서 활용을 고민해야 한다. 우리 산업의 특징, 우리 조직의 특성을 감안하여 어떻게 트렌드를 이용하면 좋을지 고민하는 것이 트렌드 읽기의 마지막이다.

────── 정보사이클의 특징을 통해 단편적인 정보(데이터)가 어떻게 지식이 되고 지혜가 되는지 살펴보았다. 이제는 트렌드와 관련해 다양한 데이터에 관심을 갖고서 체계적으로 수집하는 것의 중요성을 충분히 공감했을 것이다. 무작정 데이터를 모으는 시간과 노력을 조금이라도 효율적으로 만들려면 의사결정에 필요한 정보는 무엇이고, 해당 정보를 어떻게 반복적으로 얻을 수 있는지, 어떤 관점과 태도 나아가 습관이 필요한지 아는 것이 중요하다. 앞으로 설명하게 될 다양한 트렌드 읽기 방법을 습관으로 잘 만들어보자.

2

"서칭 주제"를 정해서 보면 더 잘 보인다

대학 특강이 있는 날이다. 캠퍼스 방문 길에 z세대 트렌드를 살펴봐야겠다 마음먹고 요즘 학생들이 들고 다니는 소지품에 주목해보기로 했다. 일단 텀블러를 손에 들고 다니는 모습이 많이 보인다. 예전보다 브랜드, 모양, 디자인, 컬러 패턴 등이 매우 다양해졌다. 그리고 노트북이나 태블릿을 꺼내는데 대부분 파우치를 사용한다. 디자인도 각양각색인 것이 눈에 들어온다. 스마트폰 케이스도 모두 개성이 강하다. 기기를 보호한다는 본래의 기능보다 디자인이 더 중요한 포인트처럼 보인다. 이러한 모습을 보면서 z세대는 생활용품 특히 다른 사람에게 보여지는 물건에서 자신의 개성을 표현하려는 욕구가 강함을 알 수 있다.

한 번쯤은 이런 경험을 갖고 있다. '운동화를 새로 살까?' 생각하고 있으면 오가는 길에 운동화만 보이고 '가방을 바꿔 볼까' 생각하면 다른 사람들 가방만 보이는 경험 말이다. 반대로 관심을 두지 않으면 딱히 눈에 띄는 것도 없다.

트렌드도 마찬가지다. 관심을 갖고서 보는 것과 그렇지 않고 보는 것에 따라 인지되는 것이 전혀 다르다. 여기에 트렌드를 잘 읽는 사람과 그렇지 않은 사람의 차이가 만들어진다. 바로 "See"와 "Watch"의 차이다.

See는 의식하지 않고 눈앞에 있는 것을 보는 것이라면, Watch는 목적을 가지고 시간과 관심을 기울여서 주시하는 것을 의미한다. 우리 주변의 변화를 See하면 그냥 스쳐 지나가고 말지만, Watch하면 변화를 읽고 내용을 기억할 수 있다. 트렌드를 잘 읽는 사람은 당연히 변화에 민감하게 반응하면서 이를 기억하는 능력 즉, 일상에서 Watch하는 능력이 뛰어나다. 이들은 어떤 방법을 쓰길래 변화를 See하지 않고 Watch하는 걸까?

한마디로 얘기해, 현미경을 사용해 미세한 부분까지 들여다보는 관찰(법)을 사용한다. 우리가 돋보기나 현미경으로 뭔가를 보려고 할 때는 보고자 하는 것이 무엇인지 정해져 있고 어떤 포인트에 집중해야 하는지도 잘 안다. 이처럼 주변의 변화를 볼 때 어떤 것에 주목해야 하는지 관찰 포인트를

See vs. Watch
무심히 보고 넘기는 것들이 많다. 트렌드를 제대로 읽기 위해서는 see하고 스쳐 지나 갔던 것들을 watch하려는 노력이 필요하다.

명확히 해두고 See하게 되면 Watch로 시선이 바뀌며 트렌 드 읽기가 쉬워진다.

예를 들어보자. 집을 나서기 전 하나의 관찰 포인트, 서칭 주제를 정해볼 수 있다. 출근 길에 오늘의 색을 정하고 그 색 깔로 된 물건, 표지판, 건물 등을 유심히 보고 공통점을 찾아 가며 작은 변화를 살피면 그것이 곧 관찰이다. 사물은 물론 이고 '스마트폰을 보는 사람들만 열심히 관찰하겠어' 이렇게 정할 수도 있다. 유심히 들여다보면, 스마트폰을 보는 사람이 특별히 자주 하는 행동은 무엇이고, 어떤 내용을 보는지도 알 수 있다. 하나의 관찰 포인트를 정하고 대상물을 반복적으로 바라보게 되면 당연히 평소 보이지 않던 것들이 보이기 시작한다. 그리고 관찰했던 것끼리의 비교를 통해 차이점도 금방 감지할 수 있다.

어떻게 관찰하면 좋은지에 대해 알아 봤으니, 이번에는 무엇을 관찰하면 좋을지를 알아보자. 일상에서 트렌드를 잘 읽을 수 있는 관찰 포인트 세 가지이다.

첫 번째는 특정 사물에 집중하는 방법이다. '오늘은 자동차 중 전기차에 대해서만 열심히 관찰하겠어' '전동 킥보드에 대해서만 관찰해볼까' 이렇게 정할 수 있다. 이렇게 하면 제품에 대한 관찰은 물론이고 해당 제품을 이용하는 고객의 여러 움직임, 사용되는 환경 등을 복합적으로 볼 수 있다.

두 번째는 패턴이다. 세상에는 다양한 패턴이 존재하고 이는 시각적으로 다양한 메시지를 준다. 가장 쉽게는 지나가는 사람의 옷이나 가방, 액세서리 등에서 그리고 제품의 용기나 포장지, 거리 간판 등에서도 읽을 수 있다. 그리고 어떤 날에는 패턴 하나만 집중해서 살펴보는 것도 가능하다. 플라워 프린트 패턴이 주로 어떤 곳에서 많이 사용되는지 그리고 어느 제품 카테고리에서 자주 사용되는지 살펴보는 것이다. 그리고 주변 사물과 어떻게 믹스되는지도 함께 살핀다면 내가 플라워 패턴을 어떻게 활용할지 아이디어를 얻을 수도 있다.

세 번째는 색깔을 관찰 포인트로 정해서 특정 색깔에 주목하는 것이다. '오늘은 빨간색만 집중적으로 관찰하겠어'라고 정하고 주변을 살펴보면, 다양한 공간과 사물에 빨간색이 활용되고 있음을 확인할 수 있다. 어떤 제품에서 주로 많이 사용되는지 알 수 있으며, 의외로 다양한 곳에서 사용되고 있다는 사실도 알게 된다. 한발 더 나아가 빨간색 제품을 갖고 있는 사람은 어떤 성향으로 보이는지, 사람들 사이에 어떤 공통점이 있는지도 살피거나 유추해볼 수 있다.

──── 오늘부터 출근길 집을 나서기 전, 하나의 관찰 포인트를 정하고서 출발해 보자. 눈에 들어오는 대상을 보고 깜짝 놀랄 수 있다. '여기에 이런 게 있었나?' '아, 재밌네, 신기하네' '매일 왔다갔다하면서도 왜 그동안은 못 봤지?' 이렇게 속으로 외칠지도 모른다. 그리고 관찰 포인트를 매일 조금씩 바꿔 보자. 아마도 일정 기간이 지나고 나면 누구보다 빠르게 변화를 감지하는 사람이 돼 있을 것이다.

➕ 더 읽기

컬러배스 효과(Color bath Effect)

컬러배스 효과는 특정한 것을 의식하기 시작하면 일상에서 해당 정보가 자연스럽게 눈에 띄게 되는 현상을 말한다. 평소에는 등하굣길에 군복을 입은 사람을 본 기억이 없는데, 입영통지서를 받고 난 후라면 군복 입은 사람들이 꽤 많이 돌아다니는 것을 보고 깜짝 놀란다. 시각이나 청각 등 감각을 통해 얻은 정보를 모두 받아들이는 것이 아니라, 중요하다고 생각하는 것만 선택적 주의를 갖고서 받아들이기 때문이다. 나머지는 무의식 중에 폐기한다. 이는 정보 과부하로부터 스스로를 보호하고자 하는 현상이다.

컬러배스 효과는 심리학적인 용어는 아니다. '색을 입힌다'는 의미처럼 한 가지 색깔에 집중함으로써 일상에서 새로움을 발견하는 컬러배스 발상법에서 유래된 용어다. 심리학에도 비슷한 용어가 존재한다. '빈도 환상'(Frequency Illusion)이란 개념으로 2006년 스탠포드대 언어학 교수인 아놀드 즈위키(Arnold Zwicky)가 제시했다. 처음으로 무언가를 알아차린 후 그것을 더 자주 인지하고, 그 결과 발생 빈도가 늘었다고 착각하는 현상을 말한다.

3

라이프스타일 트렌드를 읽는 "홈비지팅"

트렌드 읽기 교육을 진행할 때 참여자들이 효과를 체감할 수 있게 사전에 과제를 내는 경우가 있다. 과제는 "집에서 사용하는 가전 및 IT기기, 가구, 생활용품 중 최근 3개월 이내에 새로 구매한 것, 혹은 사용량이 증가한 것은 무엇인지 사진을 찍어오세요"다. 각자 찍어온 이미지를 공유하고, 왜 그 사진을 찍었는지, 해당 가전 혹은 생활용품을 구매한 이유는 무엇인지, 사용량이 늘어난 이유는 무엇인지 등을 이야기한다. 이야기를 나누다 보면 가치관의 변화, 라이프스타일의 변화를 자연스럽게 읽을 수 있다. 코로나 시기에는 커피머신이나 새로 설치한 조명, 새로 들인 식물 사진이 많았다. 재택 근무가 많아지면서 집안을 카페처럼 연출하고 커피를 마시는 일이 많았음을 보여준다. 내 생활을 돌아보는 것만으로도 트렌드 읽기가 가능하다.

내가 사는 집안 곳곳을 관찰하고, 나 혹은 우리 가족의 생활 변화를 돌이켜보는 것만으로도 트렌드 읽기가 가능하다. "내가 이 물건을 왜 샀지?" "우리 집은 이 제품을 주로 어떤 용도로 쓰고 있지?" "왜 요즘 더 자주 쓰게 되지?" "반대로 왜 자주 쓰지 않지?" 이런 생각을 하다 보면 라이프스타일의 변화, 가치관의 변화, 트렌드의 변화를 한 번에 읽을 수 있다. 그리고 발견한 변화를 다른 사람들과 얘기하다 보면 나만의 특수성인지 혹은 다른 사람들에게도 나타나는 일반화된 변화인지도 알 수 있다.

모 전자 회사 TV 사업 부문 임직원을 대상으로 트렌드 분석 교육을 진행했을 때다. 상품 기획, 연구 개발, 마케팅 등의 부서에서 10년 넘게 같은 일을 해온 분들이 대상이었다. 이분들에게 각자 집에서 TV 또는 TV를 보고 있는 장면을 사진으로 찍어오도록 했다. 그런데 결과는 의외였다. 10년 넘게 더 큰 TV, 더 좋은 화질을 개발하기 위해 일해 온 분들이 모였는데, 실제 집에 있는 TV를 찍어 온 분들은 5~6명에 불과했다. 나머지는 집에 TV가 없다고 했다. "우리 집만 그런 줄 알았는데…"라고 말하면서, 어쩌다 TV가 거실에서 사라지게 되었는지, 이유가 무엇인지를 두고서 한참을 이야기했다. 자녀 교육의 문제로, 원하는 시간에 각자 좋아하는 프로그램을 스마트폰이나 패드 등으로 보는 게 더 편해서, TV가 이동형이 되어서, 이유도 다양했다. TV 시청의 패턴이 변하고 있다는 것을 모르는 것은 아니지만, 우리 집만의 특수한 케이스가 아니라 이제는 일반화된 사실이라는 것에 다들 놀라워했다.

이처럼 실제 사람들이 생활하는 집(home)을 방문(visiting)해서 사람들의 생활 모습, 라이프스타일을 있는 그대로 파악하는 조사 방법을 "홈비지팅"이라고 한다. 식품, 생활용품 등을 판매하는 소비재 기업에서는 홈비지팅을 사용자 불만 포인트를 확인하고 해결을 위한 아이디어를 얻는 필수 과정으로 활용한다. 트렌드를 읽는 관점에서도 홈비지팅을 활용한다면 라이프스타일 전반에 흐르는 트렌드 파악이 가능하다.

맨 먼저 집안에서 사용하는 가전, 가구, 소품 중에 새로 구매한 것은 무엇인지, 최근 들어 사용 빈도가 높아진 것은 무엇인지, 반대로 사용하지 않는 것은 무엇인지를 생각해 보자. 사용하면서 보관하는 장소의 변화, 제품을 사용하는 사람의 변화, 제품 사용 방식의 변화가 있다면 이를 놓치지 않고 이유를 고민해본다. 가장 간단하면서도 기본적인 트렌드 읽기 방법이다. 그리고 친구나 친척 혹은 지인의 집을 방문할 때도 우리 집과 비교해 어떤 차이점이 있는지 살펴본다. 어떤 라이프스타일의 차이인지, 무엇 때문에 차이가 발생하는지 생각해보는 것이다.

꼭 시장 조사라는 이름으로 특정 목적을 가진 리서치가

일룸 책장
용인시 수지구 동천동 · 끌올 3...
30,000원
♡3

골든듀 등 상자, 뱃지, 구찌
블룸 오드퍼퓸
정자동 · 2분 전
나눔🖤

리빙박스 정리상자
대장동 · 5분 전
5,000원

슬라이드 원형 수납장
정자동 · 1분 전
30,000원
♡1

아이레놀 s 다크써클 커버
정자동 · 끌올 2분 전
13,000원
♡6

침대겸 쇼파
정자2동 · 2시간 전
150,000원

중고 마켓 품목
집에서 더 이상 사용하지 않는 물품을 내놓는 중고 마켓에서 어떤 유형의 제품이 주로 올라오는지, 이전 대비 어떤 변화가 있는지, 또 변화의 원인은 무엇인지 생각해보는 것도 홈비지팅과 동일한 효과를 얻을 수 있는 방법이 된다.
(이미지 출처 : 당근마켓)

아니더라도 집안은 트렌드를 읽는 가장 베이직한 공간이고, 사용자의 진실한 후기가 가장 잘 드러나는 공간이다. 무엇보다 블로거 후기와 다른 관찰 결과를 얻을 수 있다는 점에서 꼭 필요한 방법이다.

최근에는 중고 거래 사이트를 이용하는 것도 트렌드를 읽는 좋은 방법이다. 사람들이 관심 표시를 많이 하는 물건이 무엇인지, 실제로 거래가 예정된 물건이 무엇인지 살피는 것이다. 사고 싶지만 제 가격을 다 주기는 아까운 물건은 무엇이고, 반대로 제 가격을 주고 샀지만 필요 없어진 물건은 무엇인지 등을 살펴보게 되면 보면, 요즘의 소비트렌드가 보인다. 무엇보다 어떤 물건이 중고거래 품으로 많이 올라오는지, 어떤 이유로 중고 거래를 하는지를 보게 되면 해당 상품의 트렌드 주기도 예측해볼 수 있다.

——— 일반적으로 왜 그 물건을 샀는지, 왜 요즘은 그 물건을 이용하지 않고 한쪽으로 밀쳐 뒀는지 그 때가 아니면 무심해지는 경우가 대부분이다. 하지만 트렌드를 잘 읽는 사람은 이런 걸 놓치지 않는다. 홈비지팅은 트렌드 읽기에 가장 기본이 되는 라이프스타일을 살펴보는 방법이다. 전문가가 아니더라도 친구나 친인척의 집을 방문할 기회가 있다면 우리 집과 다른 점을 확인하고, 새로운 물건을 들인 이유, 안 쓰는 이유 등을 물어보고 대화를 나눠보자. 친구 사이라면 꾸며내지 않은 솔직한 이유와 그 배경까지 모두 들을 수 있다. 평소에는 잘 보이지 않는 트렌드 읽기가 가능하다.

홈비지팅을 통한 트렌드 읽기 워크시트

워크시트를 작성하며 홈비지팅을 행동으로 옮겨보자. 아래 설명한 순서 대로 따라 해보면 쉽게 홈비지팅을 실천할 수 있다.

1. 우리 집이지만 이제 시선을 나 자신이 아닌 제3자의 관점 혹은 관찰자 모드로 전환하자.
2. 집에서 주로 사용하고 있는 가전, 가구, 소품을 둘러보고 지난달과 다른 변화가 있는 제품을 리스트업한다. 새로 구입한 게 있는지, 반대로 버린 게 있는지, 혹은 사용 빈도가 높아진 게 있는지, 보관 장소가 바뀐 물건이 있는지 확인해본다. 보관 장소가 바뀌었다면 어떤 필요 때문인지도 확인한다.
3. 리스트가 완성되었다면 하나씩 따져가며 변화의 이유를 추적한다. 새롭게 구매한 또는 사용량이 늘어난 이유는 무엇인지? 사용량이 줄어든 또는 사용하지 않게 된 이유는 무엇인지? 만약 해당 물건을 자주 사용했던 구성원이 있다면 불러서 사용 경험에 대한 얘기를 들어도 좋다.
4. 창고도 살펴보자. 사용 횟수가 줄어서 창고로 옮겨진 물건은 없는지, 사용을 멈추게 된 이유를 물어보고 다른 대체품이 있는지, 아니면 사용 필요성 자체가 없어진 것인지 확인해보자.

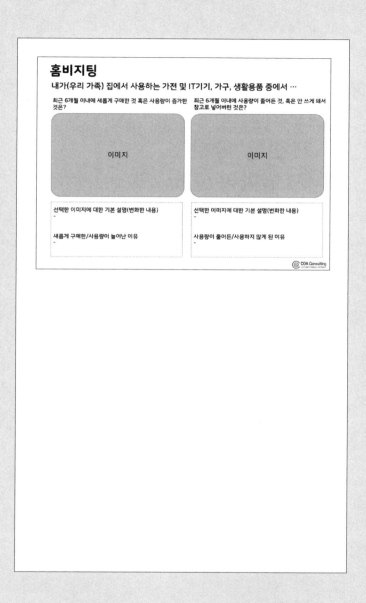

홈비지팅

내가(우리 가족) 집에서 사용하는 가전 및 IT기기, 가구, 생활용품 중에서 …

최근 6개월 이내에 새롭게 구매한 것 혹은 사용량이 증가한 것은?

이미지

선택한 이미지에 대한 기본 설명(변화한 내용)
-

새롭게 구매한/사용량이 늘어난 이유
-

최근 6개월 이내에 사용량이 줄어든 것, 혹은 안 쓰게 돼서 창고로 넣어버린 것은?

이미지

선택한 이미지에 대한 기본 설명(변화한 내용)
-

사용량이 줄어든/사용하지 않게 된 이유
-

COA Consulting

4

트렌드의 시작
"거리 관찰"에서
놓치지 말아야 할 것

'생활 속 발견'이란 표현이 있다. 1977년부터 1990년까지 마젤란 펀드를 운용하면서 연평균 29.2%, 13년간 원금의 28배라는 경이로운 수익률을 올린 전설의 펀드매니저 피터 린치(Peter Lynch)가 설파한 개념이다. 그에게 큰 이익을 안겨준 종목 중 하나가 던킨 도너츠다. 그는 던킨 도너츠가 전국적인 체인점으로 성장하기 전, 매장 앞에 늘 사람들로 붐비던 것을 보고 주식을 사기 시작했다. 그리고 딸들과 함께 쇼핑을 다니면서도 새로운 종목 발굴을 멈추지 않았다. 아이들이 특정 매장을 자주 찾는다면, 필시 그 기업을 유심히 살폈다가 투자 여부를 판단했다. 이처럼 평소 사람들이 무엇에 관심을 두는지 눈여겨보았다가 이를 투자처 발굴의 힌트로 활용했다고 해서 붙여진 이름이 '생활 속 발견'이다.

우리는 자각하지 못하지만, 무심코 흘려보내는 출근길과 퇴근길 거리 풍경에는 사실 무수히 많은 트렌드 정보가 숨어 있다. 매일 똑같은 출근길 풍경인데 무슨 특별함이 있을까? 이렇게 반문할지도 모르겠지만 피터 린치가 던킨 도너츠의 손님이 늘어나는 것을 보고 투자를 결정한 것처럼 트렌드를 잘 읽는 사람은 똑같아 보이는 풍경 속에서도 작은 변화를 발견하고 새로운 아이디어나 사업 기회를 찾는다. 바로 트렌드를 잘 읽는 사람과 그렇지 않은 사람의 차이다.

한 사회의 문화나 라이프스타일이 바뀌게 되면, 어떤 일을 하는데 걸리는 시간이나 물건을 고를 때 중요하게 생각하는 포인트, 관심을 두는 아이템, 서로 나누는 대화조차 달라진다. 이러한 변화를 있는 그대로 보여주는 곳이 "일상의 거리"다. 트렌드를 조망할 수 있는 중요한 공간으로 거리를 꼽은 이유도 누구나 쉽게 할 수 있고, 비용이 드는 것도 아니며, 가장 가공되지 않은 트렌드 모습을 볼 수 있기 때문이다.

트렌드는 알고 보면 사소하고 작은 것에서부터 시작된다. 처음에는 작은 미묘한 변화에서부터 출발한다. 하지만 처음부터 이 단계에서 무언가가 발견되고 보이는 것은 아니다. 하지만 매일 오고 가는 출퇴근길이라면 어떨까? 정기적으로 찾는 곳인 만큼 변화 인지가 쉽다. "지난달에 탕후루 가게가 문을 닫은 뒤, 그 자리에 새로운 커피 전문점이 오픈했네…" 이렇게 금방 확인이 된다.

　이번에는 어느 가게 앞을 지나가는데, 길게 줄을 선 사람들을 발견했다. 첫날은 그냥 그런가 보다 하고 대수롭지 않게 넘겼다. 그런데 그다음 날에도 같은 장면이 반복된다. 한두 번이 아니고 서너 번 반복되면 "이 매장만 이런 건가?" "내가 지나갈 때만 이런 건가?"하는 생각을 자연스럽게 하게 된다. 그리고 여기저기 검색도 해본다. 다른 사람들도 비슷한 호기심을 가졌는지 블로그나 SNS 등으로 찾아보기도 한다. 그랬더니, 실제 꽤 많은 사람이 언급하는 것을 볼 수 있다. 그렇다면 이제는 걸음을 멈추고 매장을 방문해 볼 필요가 있다. 설사 내 관심사와 거리가 먼 매장이라 할지라도 말이다.

　축구(풋살)에 전혀 관심이 없는 사람이 오가는 길에서 축구 유니폼 옷을 입은 사람들을 보고, 우연히 들린 스포츠 매장에서 여성 축구 용품이 많이 진열된 걸 본다면? TV 예능 프로그램으로도 여성 축구를 보거나 관련 방송이 SNS에서 언급되고 연예기사로 등장하기 시작한다면? 그러면 자연스레 길에서 본 장면과 TV에서 본 장면, SNS의 사진과 글 등을 연결하면서 '이게 요즘 트렌드인가?' 이렇게 생각한다.

　트렌드 잘 읽는 사람은 눈에 띄는 장면 하나를 두고서도 검색과 유추를 통해서 실제 트렌드인지 아닌지를 확인한다. 결국 왜 사람들이 줄을 서는지? 줄을 선 사람이 관심을 갖는 아이템은 무엇인지? 세심하게 살피는 일부터 트렌드 읽기는 시작된다. 즉, 길거리에서 볼 수 있는 작은 '변화'에 관심을 두고 이를 살피는 것이 트렌드 읽기다.

좀 더 구체적으로 어떤 것에 주목해야 하는지부터 살펴보자. 맨 먼저 시간과 공간을 기준으로 어떤 차이점이 있는지부터 본다. 바로 지난주와 이번 주, 지난달과 이번 달, 작년과 올해, 이 장소와 다른 장소, 없어진 매장과 새로 들어선 매장, 어떤 유형의 매장이 늘어났는지 줄었는지, 이런 것을 살피는 것이다. 그런 다음 매장 내의 상품, 디스플레이, 외관 등도 살핀다. 그리고 거리의 전반적인 분위기, 오가는 사람들, 각종 매장의 변화 등도 주의 깊게 본다.

'거리 관찰'의 주요 기준으로 사람, 상품(아이템), 매장 이렇게 세 가지를 두고 각각의 관찰 방법을 정리해보자.

첫 번째, 먼저 사람을 관찰할 때는 한 명 한 명을 보기보다 거리를 오가는 사람들 전체를 스캔하듯 본다. 그리고 사람들의 성별, 연령대, 직업, 복장 등 기본 특징에 주목한다. 예를 들어, 요즘은 빌딩가나 오피스 타운 지역은 오후 8시만 넘어도 거리에 다니는 사람이 적다. 다음으로 사람들 옷차림이나 물건 등에서도 공통점이 있는지 살펴보자. 최근에는 텀블러를 들고 다니거나 배낭이나 가방 옆 주머니에 넣고 다니는 사람이 많아졌다. 마지막으로 사람들의 특정 행동과 표정 변화도 주의 깊게 관찰하면 좋다. 지하철이나 버스 안에서 스마트폰을 보는 사람들의 손가락 제스처가 이전보다 훨씬 빠르게 움직이는 것이 보인다. 쇼츠를 보거나 웹툰 등을 보는 사람이 많아서 그렇다. 이런 것 또한 사람들을 스캔하듯 볼 때 확인할 수 있는 포인트다.

두 번째, 매장을 관찰 대상으로 할 때는 특정 거리 안에 어떤 업종이 많아졌고, 반대로 어떤 업종이 줄었는지 살펴보는 것이 중요하다. 요즘은 샐러드류를 판매하는 프랜차이즈가 많아진 것을 볼 수 있고, 무인으로 운영되는 점포가 양적으로 늘어난 것도 보인다. 그리고 종류도 매우 다양함을 알 수 있다. 매장 외관에서 볼 수 있는 특징도 살펴보자. 간판의 디자인이나 색깔, 서체 혹은 가게 이름에서도 공통으로 발견되는 경향성이 있는지도 체크해 본다. 그 외 어떤 것을 가게 주변으로 노출하는지도 살펴본다. 사람이 많은 매장이라면 어떤 점에서 인기가 있는지, 특별한 포인트는 무엇인지 유추해 볼 필요가 있다. 매장 안으로 들어가 주요 동선을 따라 걸으며 어떤 점이 매력적으로 나를 끌어당기는지도 생각한다. 잠깐이라도 고객의 시선으로 감정을 이입해서 매장을 다녀보면 평소 보지 못하던 것들을 발견할 수 있다.

세 번째, 사람들이 많이 들고 다니는 상품에 주목한다. 그런 다음 매장 중심으로 사람들이 많이 찾는 상품이 무엇인지

베스킨라빈스 무인매장 플로우 1호점
무인 매장이 다양한 업종으로 확대되고 있다.
(이미지 출처 : SPC그룹)

살펴본다. 당연히 상품의 디자인과 기능을 생각해보고, 내가 직접 써보지는 않았지만 어떤 편익이 있는지도 유추해본다. 최근 들어 캐릭터를 사용하여 기본 기능 이외의 친근함으로 소장 욕구를 자극하는 상품이 많아진 것이 보인다. 그 종류도 다양해졌다. 고객들의 대화를 살짝 엿듣는 것도 중요한 방법이다. 상품에 대해 어떤 점을 매력적으로 생각하는지, 무엇을 새롭다고 말하는지, 반면 "이건 아니야"라고 할 때 어떤 점에서 불편을 호소하는지도 자세히 살핀다. 판매 방식이나 진열 방식도 빼놓지 말아야 한다. 최근의 화장품 매장은 마치 약국 같기도 하다. 의약품처럼 보이는 기능성을 강조한 전문 제품이 많아서 그렇다.

───── 피터 린치는 '생활 속의 발견'을 통해 투자전문가보다 아마추어 투자자의 장점을 설파했다. 집이나 직장 주변에 보이는 작은 변화를 Watch하면 투자 기회를 얻을 수 있다고 말했다. 트렌드 전문가가 아니더라도 출퇴근길, 다니는 곳(거리, 장소)의 변화를 주목하면 남들보다 한발 앞서 트렌드를 파악할 수 있다. 사람, 매장, 상품 또는 아이템에 초점을 맞춰 변화를 발견하기 위한 관찰을 매일같이 실천하고 그 이유까지 고민해본다면 누구보다 빨리 트렌드를 캐치할 수 있다. 처음에는 무엇이 변화인지, 무엇을 체크해야 하는지 알아차리기 어렵다. 하지만 꾸준히 반복하다 보면 '어, 저건 새로운데' 하는 변화 감지 속도가 점점 빨라진다.

▶ 실행하기
거리 관찰 체크포인트와 워크시트

사람, 매장, 상품 또는 아이템의 세가지 포인트별로 변화를 체크하고 파악한 내용은 메모로 남겨보자. 구체적으로 무엇을 관찰할지 포인트를 정하는 게 어렵게 느껴진다면 아래의 체크포인트를 활용해보는 것도 좋다. 메모에 기록해 둔 변화가 누적되면 트렌드로 발전할 가능성이 높다고 볼수 있다. 메모는 아래와 같은 형식을 활용하면 좋다.

거리 관찰 체크포인트

사람	✓ 거리를 오가는 사람들의 기본특성 측면에서 변화가 있다면? 　- 성별, 연령대, 동행하는 사람 … ✓ 사람들의 옷차림, 신발, 들고 다니는 소지품 등에 변화가 있다면?
매장	✓ 전반적인 매장 구성의 변화가 있다면? ✓ 새로 생긴 매장은 어떤 매장? 그 매장의 특성은? ✓ 최근에 사람이 많아진 매장은? 반대로 사람이 줄어든 매장은? ✓ 매장 외관, 간판, 조명 등의 변화는? ✓ 매장 내 인테리어에서 보이는 변화는?
상품/ 아이템	✓ 사람들이 많이 몰려 있는 상품은? 그 상품의 특징은? ✓ 사람들이 많이 찾는 상품의 기능적 변화가 있다면? ✓ 사람들이 많이 찾는 상품의 감성적 변화가 있다면? ✓ 상품/아이템의 판매방식이나 진열방식에 변화가 있다면?

거리 관찰 워크시트

작성일 : 년 월 일

사람	⊘ ⊘ ⊘
매장	⊘ ⊘ ⊘
상품/ 아이템	⊘ ⊘ ⊘

CDA Consulting

5

"핫플"에서
반드시 체크해야 할 것

몇 년 전 모 식품 기업의 마케팅 전문가 과정의 강의를 진행할 때였다. 한 달에 2~3일, 총 6개월 동안 트렌드를 분석하고 새로운 비즈니스 기회를 찾는 프로세스를 시뮬레이션 해보는 과정이었다. 과정을 기획할 때 신경 쓴 포인트는 강의 장소였다. 보통은 서울 근교의 기업 연수원인 경우가 많은데, 이번에는 연남동, 강남역, 한남동 등 소위 핫플레이스로의 접근성이 좋은 장소로 강의장을 정했다. 그리고 점심시간도 한 시간이 아니라 한 시간 반 정도로 넉넉히 배정했다. 회사 생활을 하다 보면 회사와 집 근처를 벗어나기 어려운데, 교육을 기회 삼아 다양한 핫플레이스를 방문해보는 기회를 갖자는 취지였다. 수강생들 반응도 좋았다. "꼭 한번 와보고 싶은 곳이었는데, 여기까지 나온 김에 OOO에 들러 보려고요" "다음 강의 장소는 성수동 쪽으로 하면 어떨까요?" 이렇게 제안을 하기도 했다.

워라벨 트렌드로 회식의 빈도는 많이 줄어들었다고 하지만 여전히 회식을 하게 되면 회사 근처의 고깃집으로 하는 경우가 많다. 그리고 친구와의 약속 장소는 친구네 집과 우리 집 가운데 쯤에 위치한 자주 가던 단골 맥줏집이나 카페가 되기 쉽다. 대부분 여러번 갔던 곳이고 익숙한 곳이다. 그렇다면 트렌드를 잘 읽는 사람은 회식 장소나 약속 장소를 정할 때 어떤 곳을 선호할까? 결론부터 얘기하면 익숙한 장소보다는 사람들이 몰린다는 거리나 요즘 뜬다고 이슈가 되는 소위 "핫플레이스"를 선호한다. 회식이나 친구와의 약속조차도 트렌드 파악의 기회로 활용하는 것이다. 앞서 에피소드에서 기업의 교육 장소를 정했던 것도 이와 같은 맥락이다.

핫한 장소는 어떻게 고르는 게 합리적일까? 요즘에는 인스타그램이나 블로그를 통해서 핫플레이스 정보들이 빨리 유통된다. 그러다 보니 업체에서 광고성으로 올린 사진이 마치 개인이 찍은 인증샷처럼 보일 때가 있다. 그래서 탐색할 장소를 결정할 때는 여러 경로를 충분히 검색해본 후 정하는 것이 좋다. 진짜 핫한 곳인지, 광고로 포장된 곳인지, 체크해보는 것이 중요하다는 얘기다. 그리고 요즘 뜨는 거리, 핫한 매장으로 불리는 곳들은 통상 트렌드에 민감한 20~30대 젊은 층이 주도한다. 이들은 아무래도 다른 연령대에 비해 새로운 것에 관심이 많고 빨리 받아들이는 특징이 있다. 그래서 자칫 핫플레이스라고 하지만 자칫 대중적이지 않은 공간일 수도 있다. 탐방 전에는 충분히 이런 점을 고려해야 한다.

전세대에 걸쳐 고루 사용되고 있는 인스타그램은 핫플레이스 찾기에 적합한 SNS다. 인스타그램에서 검색할 때 #성수동핫플 #한남동핫플 같은 해시태그로 찾아보는 경우가 많은데 이렇게 하면 수만 개의 포스팅이 한꺼번에 보이고, 맨 앞으로 광고성 정보들이 잔뜩 올라와 이를 거르고 원하는 정보를 얻기가 쉽지 않다. 이 방식보다는 돋보기 모양의 탐색

인스타그램 앱을 활용해서 핫플을 찾는 방법
인스타그랩에서 탐색 탭을 눌러 찾고자 하는 핫플 키워드를 입력한 후 검색, 검색된 장소 중 선호하는 장소를 탭해서 최근 게시물 위주로 탐색하면 광고성 정보를 배제하고 핫플을 찾을 수 있다.

탭에서 '성수동' 혹은 '한남동'을 검색한 후 장소 탭을 눌러 지도에서 해당 장소를 직접 태그한 게시물을 살펴보는 방법이 더 낫다. 그리고 인기 게시물보다는 최신 게시물 순으로 정렬하면 이용자가 직접 올린 후기를 쉽게 찾을 수 있다.

이렇게 해서 핫플레이스에 도착했다면, 그다음은 무엇을 해야 할까? 일단 어떤 목적으로 이용되는 곳인지부터 확인한다. 매장의 분위기, 방문한 사람들이 주로 주문하는 메뉴, 나누는 대화 등 여러 측면에서 핫플이 된 이유를 추적해본다. 그리고 핫플의 요인으로 생각되는 것들은 사진을 찍어 꼼꼼히 기록해 둔다. 이때 남들이 올려놓은 인증샷에서 발견하지 못한 나만의 포인트를 찾아내는 것이 중요하다. 그리고 매장 주변의 거리나 인테리어 특성 등도 눈여겨본다. 현장에서 느껴지는 것과 SNS에서 보는 것이 무엇이 같고 무엇이 다른지 확인하는 것이다. 같이 현장을 즐기고 있는 동료나 친구들이 있다면, 서로 물어보고 의견을 나누는 것도 균형된 관점으로 핫플레이스를 살피는데 도움이 된다. 남들이 보지 못한 트렌디한 요인을 발견했다는 생각이 든다면 내가 찍은 사진과 메모를 SNS에 올려 공유를 해보는 것도 좋다. 사람들이 다는 댓글과 '좋아요'에 대한 반응으로 변화의 방향과 강도, 확산 정도를 파악해 볼 수 있다.

몇 년 전 이태원에서 비건이나 비건지향인 사람들 사이에서 핫하다는 식당을 찾아갔을 때의 경험을 토대로 핫플에서의 트렌드 읽기 방법에 대해 얘기해 보자. 제일 먼저 위치부터 체크한다. 비건 식당은 대로변이 아닌 골목 안 작은 건물 2층에 있다. 우연히 지나가다 들리기보다는 이미 알고서 찾아가는 공간이다. 그렇다면 비건이 소수에게만 유행하는 마이크로트렌드가 아닐까 의심해볼 수 있다. 매장 입구도 살핀다. 방문한 날은 평일이라 대기 줄이 없었지만 매장 앞 간이 의자가 여러 개 있는 걸 봐서는 주말에는 고객들이 꽤 있는 것 같다. 가게로 들어가서는 방문객의 특징도 확인한다. 내국인도 많지만 외국인도 많다. 그 비율이 5:5쯤 되어 보인다. 서빙을 하는 직원 중에도 외국인이 있다. 비건 트렌드가 국내보다 해외에서 더 확산된 트렌드임을 알 수 있다. 그리고 방문객들은 대부분 날씬하다. 비건의 유행은 동물 보호에서 출발했지만 다이어트와도 연관성이 높음이 유추된다. 매장 인테리어나 메뉴, 서비스 특성도 살펴본다. 비건 식당인 만큼 모든 메뉴가 야채와 곡물로 되어있다. 종류도 무척 다양하다. 샐러드부터 케이크, 아이스크림까지. 비건 문화가 소수만이 아니라 대중화되고 있음을 느낄 수 있다. 매장 내 단체 고객도 보인다. 이들은 이름 대신 닉네임으로 서로를 부른다. 동호회가 활성화되어 함께 식당을 찾는 경우도 많은가, 라고 추측해 본다. 매장 가운데의 단체석은 동호회를 위한 자리일 수도 있겠다. 음식을 가져온 직원에게 동호회 분들이 자주 오는지 물어본다. 그렇다고 한다. 마지막으로 방문객들의 행동을 관찰해본다. 음식 사진을 자주 찍는 것을 볼 수 있다. 그리고 소규모 방문객들은 옷차림에 무척 신경 쓴 티가 난다. 관찰한 내용을 바탕으로 이 곳이 왜 인기가 있는 장소로 SNS 상에 오르내릴까도 생각해본다. 비건 문화가 일부 소수의 식문화에서 조금씩 대중적으로 확대되는 추세에 있으며, 자신의 가치관을 증명하는 라이프스타일의 하나로 비건을 선택한다는 사실도 짐작할 수 있다.

──── 일부러 시간을 내서 핫플레이스를 찾아다니지 않더라도 친구를 만나는 장소로, 우리 부서의 회식 장소로 핫플레이스를 검색해서 방문해보자. SNS 등을 활용해서 장소를 찾고 직접 해당 매장을 방문해서 위치, 내부 인테리어, 음식 메뉴, 서비스, 고객 등을 디테일하게 살펴보자. 그리고 핫한 가게가 된 이유를 고민해보자. 핫플레이스를 서칭해서 방문해보는 것은 한발 앞서 트렌드를 캐치하고, 트렌드 확산을 예측하기 위한 정보 수집의 좋은 습관이 된다.

Z세대가 보는 서울 시내 주요 핫플 이미지

유튜브 검색창에 "서울 동네별 패션"을 입력하면 압구정, 청담 등 각 거리를 방문할 때 어떤 옷을 입어야 할지를 알려주는 영상이 다수 나온다. Z세대는 특정 핫플에 갈 때 거리 분위기와 어울리도록 의상에 신경을 쓴다는 의미이기도 하고, Z세대가 생각하는 거리별 이미지가 각각 차별화된다는 의미이기도 하다. 트렌드를 읽는 관점에서 거리별 이미지를 통해 관심사 변화를 파악할 수도 있고, 거리 관찰 장소를 정할 때도 유용하다.

실제, 캐릿[*]이 Z세대를 대상으로 조사한 자료에 따르면 이들이 주로 찾는 핫플은 홍대, 연희동, 신당, 삼각지 등이다. Z세대가 갖고 있는 이미지를 보면 홍대는 덕질의 성지, 연희동은 감성 힐링 플레이스, 신당은 시장 또는 노포 감성, 삼각지는 서울 속 해외 여행지다. 이를 통해 Z세대의 니즈도 알 수 있고, 나아가 마이크로트렌드를 파악하고 싶다면 홍대가 적합한 곳이라는 것도 알게 된다.

[*]   Z세대에서 유행하는 콘텐츠를 소개하는 사이트로 대학내일이 운영한다. 뉴스레터도 발행한다.

Z세대가 보는 서울 시내 동네별 패션

Z세대가 특정 핫플에 갈 때는 거리 분위기와 어울리도록 의상에 신경을 쓴다는 의미이기도 하고, Z세대가 생각하는 거리별 이미지가 각각 차별화된다는 의미이기도 하다.

(이미지 출처 : Youtube)

6

"네트워크"(모임)를 통해서 얻을 수 있는 트렌드

한 기업 안에서 여러 부서의 사람들을 동시에 교육한 적이 있다. 교육 내용은 D.I.S.C. 성격유형검사[*]를 활용해 자신의 성향을 파악하고, 고객 응대 방식을 연습해보는 것이었다. 간단한 설문으로 검사를 진행한 후 결과에 맞춰 고객과 응대자로 역할을 나눠 배운 내용을 실습해보았다. 그런데 역할 게임 후 소감을 나누는데, 재미있는 점을 발견했다. "원래 내 성격은 이렇지 않은데 업무 특성에 맞춰 오랫동안 일하다 보니 내 성격이 변한 것 같아요"라고 말하는 사람이 많았다. "영업 일을 막 시작하며 이 검사를 했을 때는 안정형인 C형으로 나왔은데, 이번엔 사교형인 I형으로 바뀌었네요" "설계 쪽 일을 하다 보니 C형 성향이 강해졌어요" "공사 현장 감독을 하다 보니 주도형인 D형 성향이 강해진 것 같아요". 타고난 성격도 어떤 일을 하느냐에 따라 조금씩 변하기 마련이다.

> [*] D.I.S.C. 성격유형검사는 미국의 심리학자 윌리엄 마스톤(William Maston)이 인간 행동 유형을 4가지로 분류하고 자기기입식 설문을 통해 자신의 행동 유형을 알 수 있도록 한 검사다. 4가지 유형은 주도형(Dominance), 사교형(Influence), 안정형(Conscientiousness), 신중형(Steadiness)이다.

성격뿐만이 아니다. 어떤 현상이나 이슈를 해석하는 관점도 하는 일에 따라 변한다. 특히 한 분야에 오래 있다 보면 매일 접하는 정보들이 한정될 수밖에 없고 그리고 비슷한 일을 하는 사람들과 어울리다 보면, 좋아하는 것도 사물을 보는 관점도 비슷해진다. 친구를 보면 그 사람을 알 수 있다는 말이 있는 것처럼 말이다.

트렌드를 읽는 입장에서는 어느 한 쪽으로 치우치지 않고 "다양한 분야의 사람을 만나는 것"이 중요하다. '성장률 저하'라는 이슈에 관한 대화를 나눈다고 생각해보자. 취업을 생각하는 사람이라면 "기업 투자가 줄어들어 채용 인원도 줄어들지는 않을까?"라고 우려할 것이고, 사업하는 사람이라면 "사업 확장이나 이전을 고민 중인데, 미루는 게 좋지 않을까?"를 이야기할 것이다. 또 컨설팅이나 교육을 하는 입장에서는 "기업은 성장률 저하 이슈에 대비해 어떤 준비를 해야 할까?" "저성장 기조에 따라 개인의 필요 역량은 어떻게 변화할까?" 같은 질문에 대화 포인트가 맞춰진다. 같은 이슈지만 경제 연구소나 행정 부처에서 일하는 사람들은 "저성장 시대의 성장 모델은 무엇일까?" "국가 차원에서 저성장 기조를 바꾸는 혜안은 무엇일까?" "연착륙을 시키는 방안은 무엇일까?"로 대화 내용이 달라진다.

이처럼 어느 분야에서 누구와 대화하느냐에 따라 같은 주제를 보더라도 시선은 달라진다. 따라서 트렌드를 파악하는 좋은 습관 중 하나는 다양한 분야의 사람들을 만나 그들의 가치관과 관심의 차이를 이해하는 것이다. 이런 관점에서 동호회, 스터디 그룹, 조찬 모임, 전문가 집단 모임 등은 트렌드를 읽는 감각의 촉수를 만들기 좋은 곳이다.

일반적으로 사람들은 같은 학교, 같은 고향 등 자신과 유사한 성향이 있는 사람들과 네트워크를 구성하려는 습성이 있다. 이렇게 만든 네트워크는 정서적 편안함을 준다. 하지만 트렌드를 읽거나 새로운 가치관이나 정보의 차이를 이해하는 것에는 한계가 있다. 학자들은 이를 '네트워크 자기 유사성' 혹은 '근접성의 오류'라고 부른다. 실제 마크로밀엠브레인(시장 조사 기관)의 리서치에서 '정기적으로 활동하는 모임'의 유형을 조사한 결과를 보면 1위부터 4위까지가 모두 학교 친구 혹은 동창회 모임이었다. 학교로는 고등학교, 대학교, 중학교, 초등학교의 순이었다. 그다음으로는 동기 모임, 동호회 모임 등 직장 내 모임이 상위에 랭크되었다. 아마 이 책을 읽는 독자들도 "나도 크게 다르지 않은데…"라고 말할 것이다.

한 연구 결과에 따르면, 기업을 책임지고 있는 CEO들이 새로운 생각과 혁신 자원을 얻을 수 있는 대상으로 회사 안에서는 일반 직원(43%), 영업 서비스 담당자(18%), R&D 연구원(17%)이었고, 회사 밖에서는 파트너 회사(39%), 고객

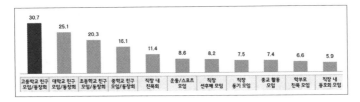

과거 정기적으로 활동했던 모임은?
(엠브레인 리서치 '모임 관련 인식조사', n=1000명, 중복 응답, 단위 %)

(36%) 순이었다*. 결과만 보게 되면 CEO들이 조직 내 싱크 탱크나 외부 컨설턴트 이외에도 매우 다양한 곳에서 정보를 얻는다는 것을 알 수 있다.

CEO는 아니지만 트렌드를 읽기 위해 네트워크 유사성을 벗어나는 방법, 동창과 회사 동료의 틀을 벗어나 네트워크를 다양화하는 방법으로는 어떤 것이 있을까? 가장 먼저, SNS를 통하거나 각종 모임을 소개하고 인원을 모집하는 커뮤니티 서비스를 이용할 수 있다. 업무나 자기 계발 목적의 모임을 해볼 수도 있고, 업무 외적인 취미 활동 모임도 해볼 수 있다.

외부 교육을 통해 만나는 사람들과의 모임도 좋은 네트워크가 될 수 있다. 새로운 방법론과 스킬을 익히고자 교육에 참여하는 사람들은 기본적으로 열정적인 사람일 확률이 높다. 당연히 열정적인 사람들은 더 많은 토론을 즐기고, 더 많

* Global CEO Study, IBM

독서 모임

요즘 독서 모임이 곳곳에서 만들어지고 있다. 편안하게 책 자체를 즐기려는 독서 모임도 있지만 특정 목적을 지닌 모임도 많다. 회사 내 독서 모임이라면 업무 목적의 문제 해결 관점에서 좀 더 생산적인 토론까지도 해볼 수 있다. 독서를 통한 개인의 성장 욕구와 다양한 사람들을 만날 수 있다는 네트워킹 욕구가 합쳐지면서 이런 모임을 전문적으로 연계해주는 서비스도 생겨나고 있다.

은 이야기를 한다. 최근에는 모임을 통해 만들어진 끈끈한 유대 관계가 창업으로 이어지는 경우도 많다. 같이 스터디하고 토의하는 과정에서 자연스레 상대방의 관심사나 장단점을 파악하게 되고 "이 사업 같이 해볼래?" "너는 이것 잘하고, 나는 이것 잘하니, 각자 이렇게 맡아서 해보자"는 식의 창업 멤버로도 발전한다. 외부 모임뿐만이 아니라 같은 회사 안에서 사내 벤처 형태로도 모일 수 있다. 이런 네트워킹의 결과물은 반드시 큰 성공으로 이어지진 않더라도 새로운 생각을 접하고 배울 좋은 기회를 준다.

요즘은 기업이 자사 임직원들이 다양한 사람들과 네트워킹하기를 권하고 있다. 과거에는 사내 동호회 중심으로 네트워킹을 권장했다면 요즘은 사외 모임을 더욱 권장하는 추세다. 기업에서 이런 네트워킹 활동을 권장하는 이유는 집단 지성*을 활용하기 위해서다. 집단 지성의 효과는 '창의성에 관한 연합이론'(Associative Theory)에서 그 근거를 찾을 수 있다. 이 이론에 따르면 머릿속에는 여러 가지 생각의 조각들이 자리 잡고 있으며, 이 조각들이 연결될 때 새로운 아이디어가 나온다. 그리고 가까운 거리의 연합보다 먼 거리의 조각들이 연합될 때 더 창의적인 아이디어가 나올 가능성이 높다. 이런 원리는 사람과 사람 사이의 관계에서도 적용된다.

혁신에 관심이 높은 기업일수록 이종 결합 및 상호 교류를 촉진하기 위해 여러 분야의 전문가들로 구성된 프로젝트 팀을 만들고, 여러 부서가 모여 아이디어 회의를 한다. 그리고 제품 개발에서부터 생산까지 전 프로세스에 다양한 구성

---

* 집단 지성이란 다수의 사람들이 서로 협력하거나 경쟁을 통해 얻게 된 집단적 능력을 일컫는 것으로 미국의 곤충학자 윌리엄 휠러(William Wheeler)가 1910년 출간한 『개미 : 그들의 구조·발달·행동』(Ants : Their Structure, Development, and Behavior)에서 처음 제시했다. 이후 집단 지성은 사회학이나 과학, 정치, 경제 등 다양한 분야에서 활용되고 있다.

원들을 참여시킨다. 실제 가장 혁신적인 기업이라 평가받는
구글은 모든 사무실이 칸막이 없는 개방형 구조로 되어 있
다. 팀원 간 활발한 커뮤니케이션을 통해 아이디어를 주고받
으며, 차분한 분위기보다 떠들썩하고 붐비는 환경을 만들어
집단지성의 발현을 촉진하기 위해서다.

───── 좋은 아이디어를 내기 위해 다양한 자극이 필요하듯,
빠르게 여러 새로운 트렌드를 읽어 내기 위해서는 각자의 분
야에서 열심히 일하고 있는 사람들과 다양한 주제의 이야기
를 주고받는 것이 필요하다. 가족, 동창, 우리 회사 사람뿐만
이 아니라 타산업, 타업종, 타세대와의 네트워크는 자연스럽
게 트렌드 읽기 감각을 깨워 줄 수 있는 인프라가 된다. 나는
주로 어떤 사람들과 만나며 어떤 네트워크를 구축하고 있는
지 점검해보자. 그리고 확장하기 위해서는 어떤 것을 할 수
있는지도 생각해보자.

네트워크 자기유사성 점검

정기적으로 만나는 사람들은 주로 어떤 사람일까? 트렌드 읽기 관점에서 다양한 가치관, 다양한 라이프스타일의 변화를 읽어낼 수 있는 네트워크일까? 아래 체크리스트를 보며 '근접성 오류'를 점검해 보자.
정기적으로 만나는 모임의 갯수는 많지만, 체크된 항목이 한 개도 없다면 자기유사성 오류에 빠져있다고 볼 수 있다. 네트워크의 양을 늘리기보다 트렌드 읽기 관점에서 네트워크의 질을 높이려면 어떻게 해야 할지 생각해보자.

1. 분기별 1회 이상 만나는 모임을 모두 적어보자.

2. 모임 기준으로 아래 사항을 체크해보자
   - 학교 동기 동창 모임, 직장 내 모임의 비중이 50% 이하이다. ☐
   - 모임에서 특정 분야의 마니아나 얼리어답터를 만날 수 있다. ☐
   - 다른 업종의 사람들을 만날 수 있는 모임이 2개 이상이다. ☐
   - 다른 세대의 사람들을 만날 수 있는 모임이 포함되어 있다. ☐

7

경청과 질문
"스몰토크"로 읽는 트렌드

고등학교 동창 모임이 있는 날이다. 하지만 이번 주까지 마무리해야 하는 기획서를 아직 끝내지 못해 참석이 어려울 것 같다. 사실 가봤자 수다나 떨 텐데, 라는 생각도 있다. 하지만 일은 진전이 없고, 뾰족한 수도 떠오르지 않는다. 이럴 거면 그냥 머리나 식힐 겸 친구들을 만나는 것이 낫겠다 싶어 얼른 자리를 정리하고 모임 장소로 향했다. 오랜만에 나누는 친구들과의 스몰토크로 건강 얘기, 운동 얘기, 맛집 얘기 이런저런 이야기를 주고받다 '탄력근무제' 얘기가 나왔다. 마침 내가 쓰고 있는 기획서 주제였다. "우리 회사는 이렇게 하는데, 너네 회사는 어때?" "직원들 반응은...?" 이것저것 궁금한 것들을 질문했다. 새로운 제도 도입 후 어떤 변화가 있었는지도 물어보았다. 수다를 떨다 보니 풀리지 않던 기획 아이디어도 떠올랐다. 서치해둔 자료보다 친구가 들려주는 이야기가 훨씬 더 유용한 것 같다. 좀 더 구체적으로는 나이에 따라 또는 가족 구성에 따라 탄력근무제를 보는 시선이 다름도 알 수 있었다.

친구들과의 만남이나 회사 동료와의 커피 타임은 일상에서 수시로 벌어지는 일이다. 우리는 이런 모임에서 지난 주말에 샀던 가전 제품이나 요즘 뜨는 드라마나 연예인 이야기 등으로 얘기 꽃을 피운다. 하지만 사소한 이야기라고 해서 모두 불필요하거나 시간 낭비만 되는 걸까? 꼭 그런 것만은 아니다. 이번 글에서 말하고자 하는 트렌드 읽는 습관은 동료와의 커피 타임 같은 "소소한 대화" 속에서의 트렌드 읽기다. 나아가 이렇게 읽어낸 트렌드는 일반적인 트렌드 읽기보다 좀 더 정확한 측면이 있다는 사실도 함께 덧붙이고자 한다.

업무상 하게 되는 회의나 공적인 자리에서의 대화는 뭔가 바른 답을 내야 할 것 같은 압박이 있다. 또 그 사람과의 관계를 고려해야 하는 경우도 있어 내 생각이나 상황을 솔직하게 말하기가 어렵다. 하지만 친구들과의 대화나 회사 동료들과 하는 커피 타임에서는 사적인 경험을 말하기가 훨씬 쉽다. 그래서 이런 모임에서 나누는 대화는 공식적인 인터뷰(조사)보다 훨씬 더 구체적인 상황과 배경을 전달한다. 트렌드를 잘 읽는 사람들은 이런 사소한 만남과 대화도 트렌드를 읽는 방법으로 활용한다.

소소한 대화 속에서 트렌드를 잘 읽으려면 먼저 다른 사람의 이야기를 "경청"하는 습관이 중요하다. 다른 사람은 이 사안이나 물건 등에 대해 어떻게 얘기하는지, 그렇게 생각하

커피 챗
직장에서 가장 많이 하는 사소한 만남 중 하나가 커피를 마시면서 가볍게 대화하는 일이다. 이때는 직장 동료라는 관계임에도 불구하고, 비교적 사적이거나 가벼운 주제의 이야기를 하며 조금은 편안하게 대화를 나눌 수 있다. 트렌드를 잘 읽는 사람은 바로 이 타이밍을 놓치지 않는다. 격식이 갖춰지지 않은 자리에서는 자신도 모르게 진실한 얘기를 하기 때문이다.

는 이유나 배경이 무엇인지, 좀 더 깊숙이 이해하려는 노력이다. 이때 대화 상대가 친한 사람이라면 이미 그의 주변 환경을 잘 알기 때문에 행동의 이유나 맥락을 이해하기 훨씬 쉽다. 이렇게 변화의 이유나 맥락을 알게 되면 대화 과정에서 등장한 트렌드가 얼마나 지속할지, 앞으로 어떻게 전개될지 판단을 내릴 수 있다. 특정한 상황에서 이벤트적으로 벌어진 일인지, 환경 변화나 가치관의 변화에 따라 세대의 특성이 반영되어 만들어진 일인지 알 수 있고, 일시적인 상황인지 지속해서 발생할 수밖에 없는 일인지도 알 수 있다.

경청 다음으로 중요한 것은 "질문"으로 상대방이 한 이야기 속에 숨겨진 트렌드를 꺼내는 기술이다. 친한 사람들끼리 대화할 때는 대부분 주어를 생략하거나 대명사로 또는 정황을 정확히 얘기하지 않고 결론만 얘기하는 경우가 많다. 따라서 대화 중 관심을 끄는 이야기가 나오면 질문을 통해 숨겨진 맥락을 끄집어내야 한다.

질문은 육하원칙에 따라 숨겨진 부분에 대해 물으면 된다. 누가(who), 언제(when), 왜(why) 그런 일을 했는지, 그 일이 발생하게 된 배경에는 어떤 이유가 있는지 물어보는 것이다. 상대방이 경청한 후에 하는 질문이기 때문에 질문을 받는 사람도 신이 나서 자세히 얘기해준다. 그다음 지금까지 들은 내용을 기반으로 "이러이러한 이유로 그렇게 하게 된 거야?"처럼 행동 변화 원인을 추론한 후 이를 가설로 제시하고(질문하고) 확인한다. 사람들은 자신의 행동 하나하나에 어떤 이유를 생각하지는 않기 때문에 막상 "왜 그런 행동을 한 거야?" "그렇게 생각하게 된 배경은 뭐야?"라는 질문을 받게 되면 선뜻 답을 못한다. 하지만 "A 제품을 사려다 B로 마음이 바뀐 건 혹시 이런 이유 때문이야?"라는 식의 질문을 받게 되면 그 이유가 맞는지 틀린지, 자기 생각과 다르다면 어떤 면이 다른지 좀 더 수월하게 대답한다.

대화 과정에서 사람들이 보이는 표정과 행동을 살피는 것에서도 굉장히 많은 정보를 얻을 수 있다. 대화에서 30~40퍼센트만 언어적 정보이고 나머지는 비언어적 정보다. 표정과 행동을 통해 사람의 심리를 파악하는 소재로 인기를 얻었던《닥터 프로스트》라는 웹툰이 있다. 이 웹툰의 주인공은 다른 사람들이 아예 눈치채지 못하거나 혹은 보고도 크게 의미를 두지 않는 사람들의 표정, 제스처, 행동 등을 통해 심리를 파악하고 속마음까지도 읽어낸다. 칵테일바를 찾은 연인 사이로 보이는 남녀를 보고 여성이 핸드백을 남자와 자신의 사이가 아닌 반대쪽에 놓거나, 다리를 꼬고 앉은 방향이 남성쪽이 아니라 문쪽이라면 남성과 달리 여성은 남자에게 마음이 없다는 것을 알아차리는 식이다.

이 정도까지는 아니지만 우리도 일상적인 스몰토크에서 상대방의 대화 태도만 보고서도 관심있는 주제인지 그렇지 않은 주제인지, 어떤 포인트에서 관심을 잃는지 반대로 촉각을 곤두세우는지 알 수 있다. 그리고 질문에 답변하는 속도도 많은 의미를 내포한다. 질문을 듣자마자 바로 부사, 감탄사까지 사용해서 답변한다면 굉장한 관심과 호응이 있다는 것이고 반대로 답변이 없거나 늦다는 것은 그다지 동조하지 않거나 관심을 끄는 주제가 아님을 의미한다.

―― 동료들과의 스몰토크는 비교적 속마음을 잘 드러낼 수 있는 분위기지만, 그렇다고 백퍼센트 진실된 마음이라고 할 수는 없다. 이럴 때 비언어적 정보를 활용하면 상대방의 생각, 가치관을 좀 더 깊이있게 파악할 수 있다. 내 주변의 사소한 만남에서 일어나는 대화 내용에 좀 더 관심을 두고, 대화 속에서 변화를 캐치하고, 질문과 경청을 통해 원인을 파악하고, 나아가 미묘한 표정과 행동까지 살핀다면 남들보다 좀 더 빠르게 트렌드를 읽을 수 있다. 간단한 일상 대화 안에서도 여러가지 정보를 얻을 수 있음을 잊지 말자.

➕ 더 읽기
문화에 따른 맥락 전달 방식의 차이

우리는 보통 "나무를 보지 말고 숲을 봐야 한다"라는 표현을 자주 한다. 어떤 사건이나 상황의 한 면만 볼 것이 아니라 연결된 전체 구조를 함께 봐야 제대로 이해할 수 있다는 의미이다. 여기서 나무를 트렌드 혹은 변화의 모습이라고 본다면, 숲은 그보다 큰 맥락이다.

미국의 인류학자 에드워드 홀(E. Hall)은 고맥락(high-context) 문화와 저맥락(low-context) 문화가 함께 존재하고 각 문화의 의사소통 방식이 다르다고 주장했다. 그에 따르면 독일, 미국, 영국과 같은 저맥락 문화에서는 대화 속에 대부분 정보를 정확히 담아서 소통하는 경향이 있고, 우리나라나 중국, 일본 같은 고맥락 문화에서는 말 속에 담기는 정보가 제한적이며 직접적인 얘기보다 암묵적인 분위기나 표정과 태도 등을 통해 의미나 메시지를 전달한다.

8

내 주변
"얼리어답터"에서 읽는
트렌드

동료들과 커피 한 잔을 하다가 노이즈 캔슬링 헤드셋을 하나 사려
고 한다는 말을 꺼냈다. 그 순간 평상시에는 다른 사람의 대화에
잘 끼지 않던 후배가 눈을 반짝이며 다가와 이야기를 시작한다.
시중의 여러 브랜드를 써 봤다며 장단점은 무엇이고, 가격은 얼마
며, 제품별 기능은 어떻게 되는지, 자세히 알려주겠다 한다. 그리
고 필요하면 싸게 구매할 수 있는 쇼핑몰도 소개해준다고 말한다.
속으로 '이 친구가 이렇게 적극적이고 사교적이었나?'했다가 '아,
이 친구가 IT 기기 얼리어답터였지'하는 생각이 금방 떠오른다. 역
시 얼리어답터는 본인이 관심 있는 영역에서는 전혀 다른 사람이
된다.

트렌드는 우리 삶 전체에 직간접적인 영향을 미친다. 그래서 굳이 노력하지 않아도 시간이 어느 정도 흐른 다음에는 자연스럽게 알게 된다. 하지만 트렌드를 비즈니스에서 활용해 성과를 내고자 한다면 남들과 비슷하게 아는 수준이 될 것이 아니라, 남들보다 빠르게 파악하고 활용하는 습관을 갖춰야 한다. 이러한 관점에서 "얼리어답터"를 주목하는 습관을 제안해 본다.

얼리어답터는 'early'와 'adopter'의 합성어로 미국의 사회학자 에버릿 로저스(Everett Rogers)가 자신의 저서 『혁신의 확산』(Diffusion of Innovation, 1957년)에서 사용한 용어다. 책에서는 사람들이 새로운 것을 받아들이는 모습을 두고 시간 순서에 따라 혁신가, 얼리어답터, 초기 다수 수용자, 후기 다수 수용자, 지각 수용자로 분류하고 이를 정규분포형의 그래프로 표현했다. 초기에는 아주 느리게 증가하다 어떤 시점부터 기하급수적으로 증가했다가 정점에 도달한 이후로는 다시 감소하는 패턴이다.

혁신의 확산에는 맨 앞의 혁신가와 얼리어답터의 역할이 중요하다. 혁신가는 변화를 불러오는 사람이며, 얼리어답터는 새로운 문물을 빠르게 받아들이고 남들보다 빨리 신제품을 써봐야만 직성이 풀리는 사람이다. 그러면 얼리어답터들은 모든 분야에 있어서 '얼리'(early)한 성향을 보일까? 그렇

에버릿 로저스가 제시한 혁신의 확산 모형

혁신가(Innovators)는 2.5%로 매우 소수이며 전통적인 사회 규범에 얽매이지 않는 특징을 갖고 있으며 위험 감수성이 매우 높다. 초기 수용자(Early Adopters)는 전체의 13.5%를 차지하며, 혁신에 대한 정보를 적극적으로 찾고 채택하는 그룹이다. 초기 다수 수용자(Early Majority)는 전체의 34%를 차지하며, 혁신을 신중하게 평가한 후 수용한다. 다만 변화를 긍정적으로 보고 수용하는 층이다. 후기 다수 수용자(Late Majority) 역시 전체의 34%를 차지하며, 혁신이 유용하다 확인된 후 수용하려는 층이다. 지각 수용자(Laggards)는 전체의 16%를 차지하며, 변화를 잘 받아들이지 않는 층이다. 어쩔수 없는 상황이 되어야 이를 인정한다.

지는 않다. 자신이 특정하는 분야에서만 얼리한 성향을 보인다. 자신이 특정하는 분야에서만큼은 일반인보다 더 많은 시간과 비용을 쏟으며 전문가 뺨치는 정보를 쌓는 것이 얼리어답터다. 그리고 그렇게 습득한 정보를 대중들에게 다시 전달한다. 대중들은 이들의 사용 후기에 귀 기울이게 되고, 얼리어답터의 평가에 따라 상품 구매 여부를 결정한다. 즉, 요즘 얼리어답터들은 자신을 따르는 추종자를 가지고 있으며 자신의 후기 하나로 사람들의 변화나 아이템 변화를 선도한다. 일종의 인플루언서의 역할과 같다. 그렇기 때문에 트렌드를 잘 읽기 위해서는 내 주변에 있는 얼리어답터에 주목하고, 어떤 분야의 얼리어답터인지 확인해 두는 것이 중요하다.

한 자동차 얼리어답터와의 인터뷰를 통해 자동차 정보를 얻기 위해 어떤 장소에서 어떤 행동을 하는지, 그의 정보 수집 노하우는 무엇인지 알아봤다. 자동차 얼리어답터라고 하면 통상 자동차 동호회 카페(네이버)부터 가입한다. 관심 있는 차별로 카페에 가입하기 때문에 하나가 아닌 5~6개의 카페에 가입한다. 그리고 자동차 관련 포털 사이트(오토뷰, 모터그래프)도 활용한다. 최근에는 유튜브 채널도 유용한 정보를 많이 제공한다. 단순히 시승기 정도만 소개하는 채널도 있지만, 좀 더 전문적인 기술 정보나 고급 정보를 다루는 채널도 많다. 이곳에서 신차 성능, 기능, 디자인에 대한 정보를 얻고 다른 사람의 생각을 비교해 보기도 한다. 그리고 해외 자동차 포럼에 2~3개 가입해서 해외 차에 대한 동향을 파악하고 내가 본 한국 자동차와의 차이 비교도 놓치지 않는다. 주말이면 직접 시승해 보고자 오프라인 매장도 방문한다. 그리고 직접 다 가 보지는 못해도 서울 모터쇼, 뉴욕 국제 오토쇼, 도쿄 모터쇼(TMS), 상하이 모터쇼 등에 나오는 신차나 콘셉트카들 정도는 유튜브 영상으로 확인한다. 최근에는 유명 정보통신 가전쇼(CES, MWC)에서도 자동차를 주요 제품으로 다루기 시작해서 모터쇼만 챙겨보지도 않는다.

뉴욕 맨해튼 5번가에 위치한 애플 플래그십 스토어
전 세계 애플 매장 중 가장 방문객이 많은 곳으로 알려져 있다. 유리로 둘러싸인 이곳
은 무지개 컬러를 반영한 유백색 코팅으로 외관을 마감했다. 이처럼 대부분의 플래
그십 스토어는 콘셉트 스토어를 지향한다. 뉴욕의 애플 플래그십 스토어는 관광객은
물론이고 얼리어답터들 사이에서도 성지로 불리는 곳이다.

패션, 책, 자동차, 취미생활 등의 대중적인 영역의 얼리어
답터는 비교적 쉽게 찾을 수 있다. 하지만 대중성과 다소 거
리가 먼 분야의 얼리어답터는 어떻게 만날 수 있을까? 가장
쉽게는 해당 분야의 유명 유튜버, 인스타그래머와 SNS 이웃
이 되거나 팔로워가 되는 것이다. 그다음으로 해당 동호회 모
임 참여도 생각해 볼 수 있다. 하지만 동호회 모임에 나가려
면 온라인으로 일정 기간을 활동했다는 식의 자격이 필요할
수도 있다. 따라서 단기적으로 트렌드 탐색 차원에서의 동호
회 탐방은 한계를 갖고 있다.

주변에서 얼리어답터를 찾을 수 없다면 어떻게 해야 할까? 얼리어답터들이 주로 찾는 매장을 직접 방문해 보는 걸 고려할 수 있다. 이들은 빠르게 특정 제품의 정보를 얻기 위해 새로 오픈한 플래그십 스토어나 전문점, 팝업스토어 등을 놓치지 않고 방문한다. 플래그십 스토어는 기업이 대표 브랜드를 내세워 성격과 이미지를 극대화하고자 만든 매장으로 규모도 크고 브랜드 성격도 좀 더 명확히 드러난다. 해당 브랜드를 대표하는 전략 제품이나 신제품(때에 따라서는 출시 전 제품을 전시하기도 함), 다른 매장에는 없는 전용 상품을 디스플레이 하는 곳이기도 하다. 그리고 전문적인 제품 지식을 가진 직원이 응대하며 관련 제품을 시연하기도 한다.

최근에는 일부러 플래그십 스토어에 얼리어답터들을 초대해 다양한 고퀄리티의 체험과 샘플을 제공한다. 기업은 얼리어답터들의 반응을 체크하며 대량 생산 여부를 결정하고, 얼리어답터는 일반인들이 얻지 못한 정보를 이곳에서 얻어 인스타그램이나 SNS를 통해 전달하는 기회를 가진다. 이러한 관계성 때문에 최근에는 기업과 얼리어답터들이 서로 윈윈(win-win)하는 관계로 협업하는 경우가 많다.

――― 내 주변 동료가 어떤 취미를 갖고 있는지 관찰해 보다 보면 '이 사람에게 이런 면이?'라고 할 만큼 특정 분야에

열정적인 모습을 발견할 때가 있다. 얼리어답터의 자격이 따로 있는 것도 아닌 만큼, 주변 동료들이 어떤 것에 깊은 관심을 두고 있는지 안다면 트렌드 읽기 과정에서 좀 더 전문적인 정보를 얻을 수 있다. 기획 회의를 할 때도 동료의 반응을 보고서 이 문제에 대해 이런 관심이 있는 친구는 이런 판단을 하는구나, 유추하며 시장을 탐색할 수 있다.

얼리어답터를 활용한 트렌드 읽기는 특히 마이크로트렌드 확인에 유용하다. 새로운 시장을 개발하거나 주류 트렌드로 전환 가능성을 확인하는 데 얼리어답터의 반응은 무척 중요하다.

9

한 달에 한 번은 "전시회, 박람회 탐방"을 하자

딸 아이가 인스타에서 엄청 핫한 일러스트레이터의 전시회가 있다고 해서 같이 가보기로 했다. 그런데 전시 장소가 일반적인 전시장이 아니라 신사동의 한적한 골목에 위치한 허름한 건물이다. 기존의 건물 특성을 그대로 살려 작품을 전시했는데, 계단을 따라 올라가는 벽면과 전시룸 등 3차원 공간을 살린 작품도 있다. 특별히 멋지게 꾸며졌다는 느낌도, 도슨트도 없는 전시였지만 작가가 의도한 흐름을 따라 작품 감상을 하면서 다양한 감정이 드는 것이 신기하고 놀랍다. 관람객들도 젊은 커플, 엄마와 아이, 중년층 등 무척 다양하다. 남녀노소를 가리지 않고 각각의 공간에서 특별한 대화 없이 그림 한 장, 한 장에 다양한 감정을 느낄 수 있다니. 인스타그램에서 구독자 사연을 듣고서 그림을 그려준 내용을 모아 전시회를 개최한 것이라고 했다. 자신의 이야기가 작품의 소재가 되고, 작품에서 다시 위로를 얻는 등 관객과의 자연스런 소통이 팬을 만드는 것 같다.

전시회나 박람회는 목적 자체가 새로운 것을 보여주기 위한 것으로 트렌드 읽기를 하기에 적절한 공간이다. 그래서 트렌드를 잘 읽는 사람은 새로운 사람, 매장, 혹은 아이템을 볼 수 있는 기회로 주변에서 진행되는 "전시회"나 "박람회"를 잘 활용한다.

전시회는 미술 전시회, 의상 전시회처럼 특정 전시품을 진열해 놓고 선을 보이는 행사고, 박람회는 환경 가전 박람회, 펫페어처럼 특정 산업의 최신 상품을 모아 놓고 홍보 또는 판매하는 장소다. 최근에는 전시회나 박람회를 진행하는 방식이나 형식에서도 관객의 참여를 끌어내거나 새로운 시도를 많이 하는 등 대중들에게 더 다가서는 기획을 많이 한다. 그리고 전시장 마지막 공간에서 독특한 굿즈(goods)를 판매하는 것도 하나의 루틴처럼 되어 있다. 이런 점을 고려해보면 전시회와 박람회 모두 평소에는 접하기 어려운 특정 분야 아이템과 사람들 반응을 체크해볼 수 있는 좋은 장소임을 알 수 있다.

평소 관심 있는 주제의 전시나 박람회 일정이 있다면 미리미리 체크해두자. 국립현대미술관이나 동대문 DDP처럼 미술 전시회가 개최되는 곳이나 코엑스처럼 산업별 박람회가 개최되는 곳의 SNS 계정을 팔로잉 해두고 메일링 신청 등을 미리 해두면 꼭 내 업무(관심사)와 관련된 주제가 아닐

지라도 수시로 전시 정보를 받을 수 있다.

박람회 현장에서는 어떤 식으로 관람하면 좋을까? 규모가 큰 전시회라면 미리 전시 플로우를 확인해두면 좋다. 무슨 부스에서 어떤 전시를 하는지, 방문 당일 경로를 어떻게 하면 좋을지, 반드시 들러야 할 부스는 어디인지, 미리 정해두면 효율적인 관람이 된다. 물론 계획대로만 움직일 필요는 없다. 좀 더 관심이 가는 부스가 있다면 그곳에서 시간을 보내도 된다. 다만 의미가 있다고 생각되는 부스에서는 사진 기록을 남기고, 필요한 경우 관계자에게 궁금한 점을 질문하고 자료까지 함께 챙기는 것이 필요하다. 그리고 돌아와서는 반드시 사진과 자료들을 정리한다. 이 과정을 소홀히 하면 시간이 지나고 나서 뭘 봤는지, 그때 무슨 생각을 했는지 하나도 기억나지 않는 불상사가 발생한다.

업무차 방문이라면 내 산업으로 한정해서 둘러보는 경향이 있지만 트렌드를 읽기를 위해서라면 평상시 나와 무관하다고 생각했던 전시까지도 방문해보는 것이 좋다. 그곳에서 내 업무와의 연관성을 한 번 더 고민해본다면 새로운 아이디어를 얻을 수 있다. 가전이나 자동차 산업은 물론이고 특별한 주제의 작은 전시회나 박람회도 균형된 트렌드 읽기를 하기에 도움이 된다. 같은 맥락에서 국내 전시회인지 국제 전시회인지도 그다지 중요하지 않다. 규모가 큰지 작은지도 중요하

세계 최대 가전/IT 전시회 CES
매년 미국 라스베이거스에서 열린 세계 최대 가전·IT 전시회. 2024년 CES는 AI를 비롯한 첨단 기술이 모든 산업 분야에 적용되어 전 세계 공통 과제를 해결하자는 의미로 "올 투게더, 올 온"(All Together, All On)을 슬로건으로 내걸었다. 가전에서 시작된 전시회는 자동차, 뷰티, 헬스케어 등 여러 산업으로 확산하고 있다.

지 않다. "재미는 있지만 나와는 관련이 없네"가 아니라, 좀 더 적극적으로 "이 트렌드가 내가 속한 산업에도 영향을 주지 않을까?" "어떤 조건이 갖춰지면 이 트렌드가 우리 산업에 들어오게 될까?" 같은 연결 고리를 계속해서 고민해 보는 것이 중요하다. 그리고 방문객과 상호작용하는 콘텐츠는 어떤 식으로 전시하는지, 방문객을 붙잡는 방식은 무엇인지 살펴보는 것도 중요하다. 가보지 않고서는 절대 해볼 수 없는 경험은 트렌드를 확장성 있게 접목하고 활용하는 힘을 만들어 준다.

──── 주요 전시회나 박람회는 직접 방문해보는 것이 가장 좋겠지만 그렇게 하기 어렵다면 뉴스 검색을 하거나 방문한 사람들의 유튜브 후기 영상 등으로 정보를 체크하고 간접 경험을 해보는 것이 좋다. 요즘은 주요 해외 전시회를 유튜브 라이브로 중계하거나 영상으로 후기를 남겨주는 블로거, 인스타그래머들이 많다. 따라서 관심을 가지고 검색해 보면 꼭 그곳에 가지 않더라도 해외 전시를 모두 체험해 볼 수 있다. 내 업무와 연관된 분야는 직접 가보고, 그렇지 않은 분야는 간접 체험을 통해 방문의 효과를 얻는다면 남들과 다른 시선으로 다양한 트렌드 분석 결과를 얻을 수 있다.

산업별 세계 주요 박람회

1. 세계 3대 IT 박람회

- 국제 전자제품 박람회(CES): 미국 소비자기술협회(CTA)가 주관하는 세계 최대 규모의 가전 제품 박람회다. 매년 1월에 미국 라스베이거스에서 개최된다. CES는 TV, 오디오 등 일상생활과 밀접한 가전 제품뿐만 아니라 첨단 전자 제품도 전시한다.
- 모바일 월드 콩그레스(MWC): 세계 이동통신사업자협회(GSMA)가 주최하는 세계 최대 이동통신 전시회다. 매년 스페인 바르셀로나에서 개최되며 이동통신 관련 기기와 인터넷, 콘텐츠 등 ICT 분야의 최신 기술이 소개된다. 또한 업계 리더들의 연설을 들을 수 있는 행사로도 유명하다.
- 베를린 국제가전 박람회(IFA): 독일에서 개최되는 글로벌 가전제품 박람회로 1924년에 시작되었다. 상반기 업계의 경향을 보여주는 행사가 CES라면 하반기의 세계 주요 전자제품 동향을 파악할 수 있는 행사는 IFA이다.

2. 세계 3대 식품 박람회

- 푸덱스 재팬(Foodex Japan): 아시아 최대 규모의 식품 행사로 매년 일본 도쿄에서 개최된다. 참여객 수가 8만 명을 넘는 대형 행사로 세계 각국의 참여로 '식품 올림픽'이라 불린다.
- 쾰른 국제 식품 박람회(ANUGA): 독일 쾰른에서 격년으로 개최된다. 세계의 식품과 음료를 소개하는 전시회로 시작되었다. 세계 여러 나라의 국가관 중심으로 운영되어 다른 전시회에 비해 각 나라의 음식 문화를 파악하기가 쉽다.
- 파리 식품박람회(SIAL PARIS): 파리에서 1964년 국제 음식 주간에 처음으

로 개최되었으며 격년으로 열린다. 생산자, 수입자, 구입자, 소매업자 등이 만나 5일간 토론 및 교류의 시간을 가진다. 식품 산업의 트렌드를 한눈에 알 수 있는 행사다.

3. 세계 3대 패션쇼

- 파리 패션 위크(Paris Fashion Week): 프랑스 파리에서 개최된다. 봄/여름, 가을/겨울 시즌 패션으로 연중 두 번 진행된다. 세계에서 가장 권위 있는 패션쇼 중 하나다.
- 밀라노 컬렉션(Milan Collection): 이탈리아 밀라노에서 개최, 마찬가지로 봄/여름, 가을/겨울 연중 두 번 진행된다. 유명한 이탈리아 디자이너들의 작품과 세계적인 패션 브랜드들이 참여한다.
- 뉴욕 컬렉션(New York Collection): 미국 뉴욕에서 개최, 봄/여름과 가을/겨울 행사로 연중 두 번 진행한다. 미국의 대표적인 디자이너들이 참여하는 특징이 있다.

10

"서점"과
"책"에서 읽는
트렌드

삼성그룹의 창업자인 고 이병철 회장은 매년 연말이 되면 도쿄를 찾았다. 바로, 그 유명한 '도쿄 구상'이다. 그곳에서 여러 분야의 전문가와 교류하며 다양한 방법으로 최신 트렌드를 파악했다. 그리고 서점에 가는 것도 꼭 빼놓지 않았다. 시간이 한참 흐른 지금, 세계정세와 트렌드를 읽을 수 있는 장소는 서점말고도 많다. 서점 또한 온라인화가 진행되어 굳이 매장을 가지 않아도 책을 검색하고 당일 배송으로 받아볼 수 있는 시대다. 2년 전 도쿄 여행을 갔다가 들른 긴자식스 츠타야 서점에서의 광경이 떠오른다. 서점 한가운데서 명품 경매 행사가 펼쳐지고 있었다. 서점은 이제 책만 판매하는 곳이 아니라 복합 문화 공간으로 이색적인 볼거리와 체험거리를 제공하는 곳으로 점점 변신하고 있다.

이병철 회장이 도쿄를 방문하던 때로부터 오랜 시간이 흘렀다. 그사이 많은 변화가 있었다. "책"은 여러 미디어 중 하나로 아직은 명맥을 유지하고 있지만 그 위상이 옛날만은 못하다. 시의성이나 속도 면에서 뒤쳐지는 점이 있지만, 전문 작가와 편집자라는 필터링을 거쳐 만들어지는 콘텐츠는 여전히 종합적인 안목을 키우기에 위력적이다. 그런 점에서 "서점"은 트렌드를 보는 힘을 기르기에 적당한 장소다.

책을 사기 위해 서점을 찾는 일이 줄어든 건 분명한 현실이다. 인터넷으로 주문하면 다음날 현관 앞에 배송되니 책을 사는 것만 생각하면 굳이 서점에 갈 필요가 없다. 그리고 대

긴자식스 6층에 위치한 츠타야 서점 전경
CD, 비디오, DVD를 대여하는 체인점으로 유명했던 츠타야가 이제는 새로운 유형의 서점으로 주목받고 있다. 긴자식스에 위치한 츠타야는 '미래의 서점'이라 불리며 현지인은 물론 관광객도 찾는 명소다.

형 서점에 가더라도 책을 찾고 구매하는 목적만 생각한다면 검색대를 이용해 위치를 파악하고 픽업한 다음 계산대로 향하면 끝이다. 체류 시간이 길 필요도 없다. 하지만 꼭 책을 사는 것이 목적이 아니더라도 대형 서점을 방문해서 이것저것 살펴보는 것은 트렌드 읽기 관점에서 매우 중요하다.

먼저 서점에서 트렌드를 읽으려면 일회성 방문 보다 주기적 방문을 추천한다. 그러려면 되도록 매월 첫 주, 매년 몇 월 등 정기적인 방문 일정을 정해두고 베스트셀러 목록의 변화나 신간의 변화 등을 두루두루 살피는 것이 좋다. 혹시 시간을 일부러 내기 어렵다면, 근처로 약속을 잡고 약속 시각보다 조금 더 일찍 가서 남는 시간을 이용해 서점을 둘러보면 좋다.

출판업계에서는 보통 1~2월, 어떤 책이 베스트셀러가 되는지를 살펴보면 그해 출판 트렌드를 가늠할 수 있다는 속설이 있다. 1~2월은 봄가을에 비하면 판매량이 높은 시즌이다. 그리고 이때는 모두가 새로운 다짐을 하고 새로운 구상을 하는 시기다. 그래서 이때 잘 팔리는 책들을 살피면 한 해의 트렌드를 가늠해 볼 수 있다. 그리고 10월부터 연말까지는 다음해 트렌드를 예측하는 책들이 쏟아지는 시기다. 트렌드를 주제로 하는 별도의 코너나 매대가 만들어지기도 한다. 따라서 매월 정기적인 서점 방문이 어렵더라도 10월부터 그다음해 2월 중에는 꼭 한 번 서점을 들러보면 좋다.

서점에 방문해서는 나름의 원칙을 정해두고 둘러보는 것이 효과적이다. 가장 먼저는 베스트셀러 코너를 추천한다. 주기적으로 서점을 찾아왔다면 이전과 동일하게 유지되거나 혹은 변화된 것이 무엇인지 금방 확인할 수 있다. 그리고 오랫동안 순위를 유지하고 있는 베스트셀러가 있는지, 반대로 갑자기 등장한 베스트셀러가 있는지 등을 체크해보면 좋다. 이때 사회적으로 어떤 이슈와 연관되어 있는지 살펴보는 것이 중요하다.

책을 보는 방법은 맨 먼저 제목 그리고 책이 다루는 주제나 소재를 확인한다. 제목은 책 내용을 가장 잘 응집해서 보여준다. 한마디로 독자들의 마음을 움직이는 카피와 다름없다. 그래서 제목만으로도 사람들의 심리를 유추해볼 수 있다. 그리고 주제와 소재는 지금 핫한 키워드가 무엇인지를 파악하는 데 도움이 된다. 만약 인공지능 관련 신간이 많고 베스트셀러 목록에도 여러 권이 올라가 있다면 인공지능은 이제 소수가 아닌 다수(대중)의 관심과 소비를 부추길 수 있는 키워드가 되었다고 해석할 수 있다. 그러면 이 키워드를 갖고서 내가 하는 일에 어떻게 써먹을 수 있을지 고민하는 것이 자연스러운 순서가 된다. 책의 디자인을 통해서도 트렌드를 읽을 수 있다. 서체 중심의 간결한 표지가 유행인지, 일러스터 중심의 표지가 유행인지, 혹은 캐릭터를 활용한 표지가 많은

161

대형 서점의 베스트셀러 코너
전체 목록이 한 번에 눈에 들어올 수 있게 사진을 찍어 두면 이후 트렌드 분석을 할 때 유효하다. 베스트셀러가 된 원인을 분석해보거나 전반적인 표지 디자인 흐름 등도 한 장의 사진으로 가능하다.

지. 거리에서 보는 간판 디자인과도 연결해서 살피면 트렌드 파악에 더욱 도움이 된다.

베스트셀러를 살펴보았으면 이제 카테고리별로 신간을 확인해 보자. 경제경영 분야에서는 사회 변화의 주제를 다룬 책이 많고, 인문 분야에서는 사람들의 심리와 가치관 변화를 다룬 책이 많다. 이 둘을 연결해 본다면 좀 더 정확한 트렌드 파악을 할 수 있다. 즉, 한쪽에서는 인공 지능을 얘기하고 관련 정보를 찾고, 또 다른 한쪽에서는 개인의 소외를 얘기하고 인간관계의 어려움을 얘기한다. 이 둘의 연관성은 어떤 것일까, 이렇게 생각해보면 좀 더 입체적인 트렌드 파악이 가능하다. 트렌드의 작용 반작용처럼 하나의 이슈(인공지능)가 뜨고 있다면 역트렌드(아날로그)와 관련된 도서들이 주목을 받고 있는지도 확인해보면 좋다.

정기적인 방문을 하게 되면, 분야별 매대 크기의 변화도 한눈에 보인다. 예를 들어 과거에는 영어 회화 도서 코너가 단일 매대였지만, 요즘은 영어 회화와 여행 영어로 매대가 나뉘어져 있는 것을 볼 수 있다. 해외여행에 대한 관심 증가와 영어 공부의 목적 변화도 읽을 수 있다. 이처럼 '왜 이 분야의 책들이 점점 많아질까?'를 반드시 따져보는 것이 필요하다.

소설이나 인문 분야에서도 트렌드 읽기가 가능하다. 예를 들어 현대 소설에 등장하는 캐릭터의 심리와 일상은 일반적인 마케팅 조사에서는 발견할 수 없는 소비자의 복잡다단한 모습을 보여준다. 소설 속 등장인물의 묘사는 마케팅 조사나 상품 기획을 할 때 진행하는 독자 프로파일링(페르소나)과 별반 다를 바 없다. 간혹 소설은 그저 재미있으려고 보는 거지, 그 이상도 그 이하도 아니라고 말하는 사람이 있다. 하지만 등장인물이 우리 주변의 특정 고객을 대변한다고 생각하면 좀 더 흥미로운 소설 읽기가 된다.

최근 서점은 단순히 책만 사고파는 장소가 아니라 음반, 취미 용품, 인테리어 소품, 문구, 팬시 등도 판매하고 카페도

입점해 있는 등 새로운 문화 공간으로 변모하고 있다. 서점 내 전시관을 두거나 스터디룸과 독서룸을 제공하는 곳도 많으며, 다양한 강연 행사도 많이 열린다. 한마디로 책을 전시하고 파는 공간에서 벗어나 다양한 문화 체험을 할 수 있는 곳으로 진화하고 있다. 서점이 책 이외의 다른 트렌드를 받아들이기 시작했다고 볼 수 있는 장면이다.

────── 오프라인 서점이 제공하던 주요 혜택이 온라인으로 대체되는 시대다. 하지만 서점이 새로운 정보와 경향성을 읽을 수 있는 곳이라는 점은 변함이 없다. 인터넷이나 유튜브 정보와는 다른 전문 작가와 편집자의 검증된 시선으로 필요한 내용만 압축한 것이 책이다. 그리고 책이 모여있는 서점은 새로운 날 것의 정보가 서로 각축전을 벌이는 곳이기도 하다. 때로는 음악회가 열리기도 하고, 최신 가전 전시회가 펼쳐지기도 하고, 다양한 분야의 유명 브랜드의 플래그십 상품들이 전시되기도 한다. 문구와 액세서리는 이제는 당연한 것이 되었고, 책과는 거리가 있다고 생각되던 낯선 제품들도 책이 갖고 있는 문화적인 이미지를 활용해 서점 공간으로 파고든다. 정기적인 서점 방문으로도 충분히 세상의 흐름을 읽을 수 있다.

11

트렌드 읽기는
"뉴스 읽는 법"도 다르다

알람 소리에 일어난다. 매일 아침 기상하자마자 습관적으로 핸드
폰 앱으로 뉴스 방송을 틀어놓고 출근 준비를 시작한다. 출근 채비
를 마치고 지하철을 타고 나서 한숨을 돌리고 나면 본격적으로 뉴
스 읽기를 한다. 눈에 띄는 뉴스를 찾아 읽고, 괜찮은 기사라 생각
되면 블로그나 페이스북에 올려 친구들과 공유한다. 그리고 다른
SNS 친구들이 올린 기사를 보면서 내가 놓친 것이 있는지 살펴보
기도 한다. 댓글을 보면서는 '나도 그런데'하고 공감을 하기도 하
고, '나랑 생각이 다른 사람들도 많구나'를 생각해보기도 한다. 잠
잘 때를 제외하고 거의 모든 시간 동안 우리는 무언가(뉴스 등)를
읽으며 하루를 보낸다.

우리가 매일 반복하는 일 중 하나가 "뉴스 읽기"다. 종이 신문을 구독하거나 포털에 올라오는 뉴스를 보거나 SNS에서 지인들이 피드한 기사를 읽는다. 최근에는 메일링을 이용하는 경우도 많아졌다. 이렇게 매일 보는 뉴스에서 트렌드 읽기는 어떻게 하면 좋을까? 또 그렇게 하려면 어떤 습관을 지녀야 하는 걸까?

언론사는 대중들보다 한발 앞서 새로운 소식을 접하고 전달하는 역할을 하다 보니 트렌드에 예민하다. 기자들 또한 트렌드에 관심이 많다. 이슈가 되는 사항을 취재하고 뉴스를 쏟아내다 보면 하나의 흐름이 만들어지고 트렌드로 연결되기도 한다. 그래서 특정 키워드의 뉴스 생성 건수나 분석 기사의 내용은 모두 트렌드를 읽을 수 있는 좋은 자료가 된다. 그러면 지금부터 뉴스 읽기를 어떻게 하면 좋을지 확인해보자.

첫 번째는 이슈 중심으로 묶인 뉴스를 보는 방법이다. 사람들이 뉴스를 읽는 패턴을 보면 헤드라인 중심으로 전체 뉴스를 훑다가 내가 관심 가지는 기사가 있으면 클릭해서 끝까지 내용을 보는게 일반적이다. 하지만 이런 패턴으로 뉴스를 보게 되면 자극적인 기사 중심으로 편향적으로 볼 확률이 높다. 그러면 사회 변화나 사람들의 생각 변화를 살피는 트렌드 읽기에 별로 도움이 되지 않는다.

트렌드를 잘 읽는 사람들은 일부러 '트렌드를 찾아야 해'

라고 생각하며 모든 기사를 읽지 않는다. 이보다는 포털에서 제공하는 '이슈별 뉴스'나 '섹션별 주요 뉴스'와 같은 서비스를 이용한다. 이러한 서비스를 활용하면 내 관심사에 치우치지 않고 효율적으로 전체 뉴스를 챙겨보는 효과를 얻을 수 있다. 즉, 이슈별로 하나씩만 기사를 읽어도 전체 뉴스를 얼추 파악할 수 있는 것이다.

최근에는 뉴스 기사를 해설해주는 메일링 서비스도 많아졌다. 뉴스 읽기를 어려워 하는 MZ세대를 대상으로 하는 이런 서비스는 뉴스를 비판적으로 읽는 관점을 얻기에 좋다. 하지만 자칫 큐레이션 된 내용으로 인해, 자신의 판단을 유보하거나 해설자의 논조를 그대로 따르는 문제가 발생할 수 있다.

두 번째는 트렌드의 확산과 지연에 영향을 주는 거시 환경과 연관해서 뉴스를 보는 방법이다. 즉, 정책이나 규제 변화, 산업에 영향을 미치는 지표 등만 골라서 챙겨보는 것인데, 이런 종류의 뉴스를 볼 때는 해당 변화를 통해 어떤 트렌드가 만들어지는지를 함께 생각해보는 것이 필요하다. 앞서 언급한 적 있는 근로기준법 규제 변화에 따른 워라밸 트렌드 확산 사례처럼 정부의 큰 결정이 내려질 때마다 관련 기사를 유심히 탐독하는 것이 중요하다. 그리고 주요 경제 지표는 전체 산업의 거시 환경에 영향을 줄 가능성이 크기 때문에 좀 더 주목해서 봐야 한다. 하지만 경제 전문가가 아닌 이상 쉽게 이해하기는 어렵다. 이런 경우 전문가의 해설 기사를 함께 읽거나 관련 뉴스 레터를 구독해 해설을 챙기는 것이 유용하다.

세 번째는 트렌드 관련 기획 기사를 보는 것이다. '트렌드'를 키워드로 검색하는 방법도 있지만 그것보다는 일정 기간 연재 형식으로 기사가 게재되는 것에 주목할 필요가 있다. 이렇게 기획 기사의 주제가 된다는 것은 그 자체가 현재 주목받는 트렌드라는 의미다. 이 경우 배경, 관련된 상품과 서비스, 사람들의 인터뷰 내용 등 다양한 관점에서 해당 주제를 확인하는 것이 필요하다.

네 번째는 트렌드 읽기 관점에서 관심이 가거나 의미 있다고 생각되는 뉴스를 계속 저장하고 쌓아두며 읽는 방법이

언론사의 기획/연재 기사
'잘파세대'의 소비특성을 소개하는 MBN의 기획 기사(왼쪽). '덕후의 경제'라는 제목으로 연재된 이투데이의 마이크로트렌드 관련 시리즈 기사 목록(오른쪽).

다. 트렌드 읽기를 통해 우리가 파악하고자 하는 변화는 누적된 뉴스 안에서 공통으로 나타나는 현상이다. 즉, 사건 하나하나는 특정 시점에서 일어난 일이지만 이를 누적해서 봤더니 여러 산업에 광범위하게 퍼져 있는 현상이라면, 트렌드 읽기 관점에서 의미 있는 변화로 볼 수 있다. 따라서 관심 가는 뉴스는 따로 저장해두고 누적된 뉴스 전체를 정기적으로 분석하는 것이 중요하다. '요즘 뉴스에 자주 등장하네?' '이런 키워드가 자주 나오네?' 이렇게 느껴지는 게 있다면 반복되는 키워드에 관심을 두고 이것이 어떤 트렌드로 연결되는지 확인해 볼 필요가 있다.

다섯 번째는 이렇게 추려진 키워드를 뉴스 빅데이터 분석 툴을 활용해서 검증하는 방법이다. 한국언론진흥재단이 운영하는 빅카인즈(bigkinds.or.kr)는 신문, 방송 등 54개 주요 언론사에서 매일매일 생성되는 뉴스 텍스트 전체를 빅데이터 형태로 제공한다. 이곳에는 지난 30년 동안의 뉴스 데이터, 약 6천만 건이 축적되어 있다. 별도의 비용 없이도 무료로 이용할 수 있다. 장기간에 걸친 누적된 데이터를 갖고 있기 때문에 메가트렌드 분석에 유용하다.

빅카인즈를 활용할 때는 검증하고자 하는 키워드를 입력하고 검색 기간을 설정한다. 검색 대상은 모든 언론사로 하거나 특정 언론사를 선택할 수도 있다. 그리고 정치, 경제, 사

빅카인즈 홈페이지

뉴스 분석뿐만이 아니라 뉴스 읽기에도 좋다. 각종 광고가 싹 빠진 채 내용에만 집중해서 기사를 읽을 수 있다. 이슈별로 뉴스 기사를 모음해둔 것도 있다. 한 개의 이슈를 놓고 다양한 관점의 기사 읽기에 적합하다.

회 등 뉴스 섹션을 선택해도 된다. 예를 들어 '알파세대'를 검색어로 입력하고, 2011년부터 2023년까지로 기간을 설정한 후 일간지와 경제지 뉴스 전체를 검색하면 기사가 2021년 89건에서 22년 205건, 23년에는 871건까지 급격하게 증가했음을 볼 수 있다. 즉, 2021년 후부터 알파세대에 대한 관심이 확연히 늘어났음을 알 수 있다. 기사수 추이뿐만 아니라 연관어 분석 결과도 볼 수 있다. 실제 알파세대 연관어로 스마트폰, 메타버스, AI의 비중이 높게 나오는 것을 확인할 수 있다.

마지막 여섯 번째는 한 달에 한 번 포털 검색창에 '소비트렌드'처럼 트렌드 읽기에 도움이 되는 특정 단어를 직접 검색해보는 방법이다. 내가 눈여겨보고 있는 키워드나 우리 산업의 주요 키워드를 한 달 단위로 검색해 본다. 이렇게 검색된 뉴스 중에는 사회 전반에 걸친 소비트렌드도 있고, 각 산업의 트렌드도 있다. 주요 키워드의 검색 추이의 성장 여부를 보다 보면 해당 이슈가 계속 유지되어 트렌드로 발전할지, 잠깐 뜨다가 사라질지 등을 유추할 수 있다.

───── 뉴스는 트렌드의 확산, 지연에 영향을 주는 거시 환경 변화를 가장 정확하고 빠르게 전달받을 수 있는 매체이며, 소비트렌드의 빠른 변화를 파악할 수 있는 도구다. 뉴스를 통해 신조어가 노출되면 대중은 이에 빠르게 영향받는다. 그리고 기획 기사나 관련 시리즈 기사가 연이어서 나오고, 빅데이터 분석을 통해서 보았더니 기사 수도 점점 많아진다. 그러면 트렌드로 성장하고 있음을 예측할 수 있다. 뉴스를 좀 더 스마트하게 활용해서 남보다 한발 빠르게 트렌드를 읽어 보자.

트렌드 읽기에 도움이 되는 뉴스레터

관심있는 주제와 관련된 내용을 선별해 이메일로 전달해주는 뉴스레터 서비스를 이용하는 경우가 점점 증가하고 있다. 특히 트렌드 읽기에 도움이 될만한 뉴스레터 서비스를 소개해 본다. 뉴스레터명으로 검색을 하면 쉽게 구독 신청을 할 수 있다.

1. 고슴이의비트(뉴닉)

뉴닉은 주요 이슈 및 트렌드를 쉽게 풀어서 설명하는 콘텐츠로 국내 뉴스레터 서비스 중 가장 많은 구독자 수를 확보하고 있다. 밀레니얼 세대를 주요 대상으로 하며 주 3회 이메일로 발송된다. 문화/트렌드 코너가 있고, 트렌드 코너의 고슴이 비트로 들어가면 인스타 팔로우 등이 가능하다.

2. 까탈로그(디에디트)

'까탈스럽게 고른 취향 뉴스레터'를 의미하며 핫한 제품이나 트렌드 관련 소식을 주요 콘텐츠로 제공한다. 매주 금요일에 메일 발송을 한다.

3. 캐릿(대학내일)

대학내일에서 운영하며 Z세대(10~20대) 트렌드를 콘텐츠로 제공한다. 이
주의 유행템, 뜨는 밈 등의 코너도 있어 Z세대 나아가 MZ세대를 타겟으
로 정보를 얻고자 하는 사람들에게 유용하다.

12

"트렌드 분석서"를
스마트하게
활용하려면

연말이 되면 각 회사의 기획 부서로 단골처럼 떨어지는 일이 내
년 트렌드를 정리해서 보고서를 작성하는 일이다. 보통은 경제연
구소에서 발간하는 국내외 경제 전망 보고서를 참고하거나, 은행
이나 증권사에서 발간하는 경제 전망 자료들을 체크하고, 미래학
자들이 내놓은 미래 보고서를 찾아 읽는다. 그리고 서점에 가서는
트렌드 관련 책이나 주요 신기술을 집중적으로 해부한 책을 살펴
본다. 하지만 경제 전망은 복잡한 수식의 그래프이고, 소비트렌드
는 재탕 같은 느낌만 든다. 결국 작년과 비슷한 패턴으로 몇 개의
신조어를 선택하고, 간단히 용어 정리를 한 다음, 자사에 미칠 수
있는 영향 몇가지를 정리한다. 다양한 자료를 참고하긴 했지만 어
떤 준비를 해야 할지, 어떤 트렌드가 우리 기업에 영향을 줄지는
결국 담당자인 내가 판단해야 하는 일이다. 누군가가 트렌드 읽기
를 대신 해줄 수는 없다.

트렌드서는 보통 9월 말이나 10월 초부터 서점에 쏟아져 나온다. 이때쯤이면 내년 사업을 준비하는 부서에서는 으레 트렌드 분석서를 읽고 내용 정리를 하고 이를 공유하는 작업을 한다. 뉴스에서도 다음 해의 트렌드가 무엇이 될지 각종 전망과 분석을 내놓으며 다양한 키워드를 쏟아낸다. 이렇게 만들어진 키워드는 SNS를 통해 사회 곳곳으로 퍼져 나간다. 내년 사업을 준비하는 직장인은 물론이고, 취업 준비를 해야 하는 학생들까지 모두가 키워드를 받아 적고 암기하기에 여념이 없다. 용어가 생소하고 어려울수록 더더욱 최신 트렌드라 생각하기도 한다. 하지만 키워드에 너무 매몰될 필요는 없다. 키워드는 하나의 현상을 알기 쉽게 표현해주는 워딩(wording)일 뿐이며, 계속해서 바뀌면서 다양한 변종의 모습을 할 뿐이다. 우리가 진짜 주목해야 할 것은 키워드 뒤의 변하지 않는 트렌드다.

기준 없이 쏟아지는 각종 키워드에 함몰되지 않으려면 년 단위로 출간되는 트렌드 분석서를 꾸준히 보면서 흐름을 읽어야 한다. 물론 전기차, 생성형 인공지능, 챗GPT, 미국 주식처럼 그 해를 뜨겁게 달군(내년에도 바람몰이를 이어갈) 키워드(주제)를 단권으로 깊게 이해하는 것도 중요하다. 하지만 트렌드를 읽는 입장에서는 한 주제를 깊이 있게 다루는 분석서보다 매년 출간되는 종합서를 이용하는 게 전체 흐름과 변

175   2부 | 트렌드 읽는 습관

화를 보는 데 더 도움이 된다. 그래야 전년 대비 트렌드의 지속 여부와 발전 방향 등을 예측할 수 있다.

시중의 여러 책 중 가장 쉽게 구할 수 있고 또 대중적인 인지도를 가지고 있는 서울대 소비트렌드분석센터의 『트렌드 코리아』와, 글로벌 리서치 전문 기관인 마크로밀 엠브레인의 『트렌드 모니터』두 권을 갖고서 어떻게 읽으면(활용하면) 좋을지 알아보자.

『트렌드 코리아』는 2009년 시작해 매해 10월 초 즈음 주기적으로 출간되고 있는 트렌드 분석서다. 책 제목은 매년 십이간지에 해당하는 띠에 맞춰서 10개의 트렌드를 하나의 조어로 만들어 제시한다. 예를 들어, 2025년은 을사년 뱀띠해이기 때문에 SHAKE SENSE로 키워드 조합을 만들고 각각의 알파벳에 해당하는 10대 소비트렌드를 제시하는 구조다. 이 책의 장점은 매년 10개의 트렌드 키워드를 제시함으로써 세상을 읽는 프레임을 계속해서 달리하게 해준다는 점이다. 하지만 오히려 이 점이 자칫 키워드 중심에 매몰되도록 해 마치 매년 새로운 트렌드가 등장하는 것처럼 오해를 낳기도 한다.

알다시피 어떤 트렌드가 1월 1일에 시작해서 12월 31일에 딱 끝나진 않는다. 생성과 소멸이 자유롭고, 길 수도 짧을 수도 있는 게 트렌드다(앞서 우리는 트렌드, 패드에 대해 배웠다). 그래서 책을 읽을 때는 내가 경험한 작년의 트렌드가 올해는 어떤 키워드로 변경되는지 "재분석한다"는 관점으로 책을 읽는 것이 중요하다. 즉, 같은 트렌드지만 키워드가 어떻게 달라지고, 달라지는 이유가 무엇인지 파악하는 것이 이 책을 활용하는 방법이다.

예를 들어 '개인이 중심이 되는 소비, 자존감을 중요하게 생각하는 세대가 부상한다'라는 트렌드가 2019년에는 규범과 관습을 거부하는 나를 표현한다는 '나나랜드', 2020년에는 성공 보다는 성장을 중시하는 나를 의미하는 '업글 인간', 2022년에는 '바른 생활 루틴이', 2024년에는 '육각형 인간', 2025년에는 '원포인트 업'으로 변화했다. 이 모두 키워드만 다를 뿐 같은 트렌드다. '나'에서 '나의 성장' '성장 방법' '지향하는 나의 모습'으로 워딩(키워드)만 바뀌었을 뿐이다.

어떻게 바뀌고 있는지, 왜 이런 방향으로 바뀌고 있는지, 어떤 사회적 환경과 가치관과 맞물려 변화가 계속되는지, 이런 것들을 파악해보고 고민해보는 것이 중요하다. 그러면서 트리거와 배리어로 작용할 포인트가 무엇인지를 체크해야한다. 이렇게 하다 보면 해당 트렌드가 지금 생성 단계인지 성장 단계인지 혹은 쇠퇴 단계인지가 금방 파악이 된다. 만약 성장 단계의 트렌드인데 아직도 우리 산업에 미치는 영향이 비교적 적다면, 해당 트렌드가 내년에는 어떤 식으로 전개될지 생각해보면 된다. 사업계획서에 담아야 할 내용도 바로 이

『트렌드 코리아』 책에 수록된 트렌드 키워드
왼편이 2025년, 오른편이 2024년이다. 새 책이 나오면 이전 년도의 책과 비교해서 계속 유지되는 트렌드는 무엇이고, 사라지는 트렌드는 무엇인지 살펴보는 게 중요하다. 그리고 같은 트렌드인데도 키워드가 바뀐 이유가 무엇인지 생각해보아야 한다.

러한 것들이다.

다음 책은 『트렌드 모니터』다. 이 책은 매년 마크로밀엠브레인이라는 리서치 회사가 매년 100만에서 200만 명(2025년 전망서의 경우 174만 명) 정도의 소비자 패널들에게 리서치한 데이터를 분석하고, 면밀한 조사와 연구를 통해 변화의 흐름을 읽어내는 트렌드 전망서다. 비슷한 조건의 소비자에게 같은 테마의 질문을 2~3년마다 반복하고, 수집된 데이터를 추적하여 사람들의 실질적인 생각과 의식의 흐름을 분석한다.

로우 데이터(raw data)를 바탕으로 꾸며진 책이기 때문에 누군가가 분석해주는 트렌드가 아니라 내 관점에서 데이터를 새롭게 해석해 볼 수 있다는 점에서도 여러모로 활용도가 높은 책이다. 앞서 소개한 『트렌드 코리아』가 추론을 잘하는 책이라면, 『트렌드 모니터』는 분석을 잘 하는 책이라 할 수 있다.

───── 트렌드 분석서를 읽는다는 것은 이미 그 자체만으로도 트렌드 읽기를 위한 첫걸음을 떼었다 할 수 있다. 하지만 책 한 권을 읽고 단발적으로 트렌드를 이해하고 내 산업에 맞게 사용한다고 하기에는 분명 한계가 있다. 그래서 책을 읽을 때는 올해 책뿐만이 아니라 과거의 출간된 책까지 다시 꺼내서 함께 읽으면 좀 더 폭넓은 시야에서 트렌드를 분석할 필요가 있다. 계속해서 동일한 키워드가(워딩은 달라졌지만 개념적으로는 같은) 반복되고 있다면, 이 흐름이 앞으로 어떤 현상을 낳을지 조심스럽게 예측해 보면 된다. 이렇게 확인된 트렌드를 갖고서 향후 내 일에 어떤 아이디어를 줄 수 있는지 연결해서 생각해 본다면 미래 예측에 조금 더 다가설 수 있다.

13

트렌드 분석 대상에 따라
"SNS"를 다르게

대학교 3학년 A, 등굣길에 포털과 SNS 등으로 올라온 뉴스 기사를 읽는다. 학교에 도착해서는 맥북에서 자료 공유하기가 왜 안되는지 유튜브를 서칭해가며 해결 방법을 찾는다. 잠시 쉬는 시간을 이용해서는 지난 주말에 방문한 비건 레스토랑에서 찍은 음식 사진을 간단히 보정 후 인스타그램에 올린다. 그리고 한동안 연락이 뜸했던 고등학교 친구들 계정도 살핀다. 그리고 이번 주말에 만나기로 한 친구의 인스타그램에 들어가 보며, 만나서 무슨 얘기를 나눌지도 생각해 본다. 열심히 사는 친구들의 모습이 담긴 피드를 보다가 '나는 잘 살고 있나?'하는 생각도 해본다.

우리 삶 속에서 "SNS"는 커다란 비중을 차지하고 있다. 나의 삶을 기록하고, 가까운 친구들과 일상을 공유하고 정보를 나누는 등 일과 중 많은 시간을 SNS에 쓴다. 뉴스 하나를 보더라도 종이신문, 지상파나 종편 TV, 포털사이트가 아니라 SNS를 통해서 본다. 그리고 친구들과의 관계 유지 툴로도 SNS를 활용한다. 이뿐만이 아니다. 쇼핑 정보를 얻거나 솔직한 사용 후기를 확인하는 용도로도 SNS를 활용한다. 또래의 관심사와 고민을 소통하며 나의 소소한 일과와 쇼핑과 여행 경험 등을 공유하는 곳도 SNS다.

필립 코틀러(Philip Kotler)는 『필립 코틀러의 마켓 4.0』(Marketing 4.0, 2016년)이라는 책에서 "소비자는 자신과 비슷한 입장의 소비자에게만 허심탄회하게 속마음을 털어놓는 경향이 있으며, 더욱이 자신이 꾸며 놓은 환경 속에서만큼은 마음 속 깊숙이 담고 있는 걱정과 바람을 자연스럽고 분명하게 드러내게 된다"라고 했다. 이처럼 내가 팔로우하는 친구들과 글과 내가 올린 피드로 꾸며진 곳으로 평소 잘 드러내지 않던 속마음까지도 비춰지는 곳이 SNS다. 그런만큼 사람들의 관심사와 가치관의 변화, 트렌드 변화를 읽기 좋은 공간이다.

최근에는 SNS 서비스가 다양해지면서 세대별로 조금씩 나뉘는 분위기다. 리처시 기관인 엠브레인에서 1,000명을 대상으로 한 조사 결과를 보게 되면 40대와 50대는 포털사이트(40대 76.8%, 50대 85.2%), 지상파 TV(40대 62.0%, 50대 70.4%), 종편TV(40대 39.2%, 50대 47.6%)의 비중이 높은 반면, 20~30대는 SNS(20대 60.0%, 30대 43.2%), 유튜브(20대

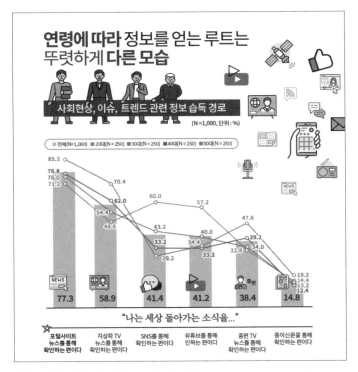

나는 세상 돌아가는 소식을 어디서 주로 얻나?
(엠브레인 리서치, '매체 영향력 관련 조사', n=1000명, 중복응답, 단위 %)

57.2%, 30대 40.0%) 비중이 상대적으로 매우 높다.

트렌드 교육을 하면서 만나는 수강생들에게서도 동일한 반응을 확인할 수 있다. "트렌드 정보를 주로 무엇을 통해 얻으시나요?"라고 물어보면 연령대에 따라서 선호 채널이 다르다. 40~50대는 구글, 네이버 등 검색 포털로 정보를 얻는 경우가 대다수이고, 사원과 대리급의 20~30대는 페이스북과 인스타그램 그리고 유튜브로 이용한다고 답하는 비율이 높았다. 그리고 몇 년 전부터는 인스타그램을 통해 트렌드 정보를 얻는다는 답이 확연히 늘어나고 있다. 이는 40~50대보다 20~30대에서 두드러진다. 이들은 인플루언서들의 계정을 팔로우해서 정보를 얻는다고 답했다.

SNS를 통해 일상 정보를 수집하고 트렌드를 읽을 수 있겠다는 생각은 들지만 막상 해보려고 하면 쉽지 않다는 의견도 많다. SNS를 사용하면서 얻는 정보는 아무래도 보다 단편적인 유행(패드)을 빠르게 포착하는 정도이기 때문이다. 그렇다면 패드보다 좀 더 영향력이 크고 지속 시간도 긴 트렌드 읽기를 위해서는 SNS를 어떻게 활용하면 좋을까?

첫 번째로 SNS에 올라오는 포스트나 피드의 맥락을 이해해보는 시도가 필요하다. SNS에 콘텐츠를 올리는 행위는 내 일상을 기록한다는 의미도 있지만 내 글을 보게 될 상대방에게 전하고 싶은 메시지 즉, 자랑하고 싶은 내용, 내가 피드에 올린 대상을 보는 가치관과 삶의 태도를 공유한다는 의미가 크다. 그래서 각각의 콘텐츠를 올리는 맥락이 무엇인지, 공통적으로 나타나는 라이프스타일(가치관) 변화가 무엇인지, 이런 변화를 가져오게 된 원인은 무엇인지 생각해보는 것이 필요하다.

두 번째는 SNS을 이용해 세대별 트렌드를 파악하는 것이다. 세대트렌드를 파악하기 위해서는 이들이 각각 선호하는 SNS를 비교 활용하는 것이 필요하다. 밀레니얼 세대의 가치관과 구매 태도를 읽기 위해서는 블로그 중심으로, Z세대의 트렌드 파악을 위해서는 인스타그램으로, 알파세대의 트렌드를 읽기 위해서는 틱톡으로 주요 SNS를 달리하는 식이다.

같은 세대 내에서도 성향에 따라 주로 사용하는 SNS가 다르다. Z세대 중 덕질을 좋아하는 그룹은 트위터를 즐긴다. 트위터는 익명성이 강해서 스스럼없이 의견과 취향을 드러내며 '날것의 감성'을 주고받기에 적합하다. 그래서 기업에서 Z세대 대상의 제품 기획을 하거나 진솔한 사용 후기 등을 얻으려면 트위터를 이용할 필요가 있다. 틱톡은 Z세대 내에서도 특히 10대의 이용률이 가장 높다. 10대들 사이에서는 친구들끼리 틱톡으로 영상을 찍어 올리는 문화가 있다. 틱톡 유저의 46.9%는 흥미로운 콘텐츠를 즐기기 위한 목적으로 틱톡을 이용한다[*]. 따라서 10대의 관심사, 가치관을 보기 위해서는 틱톡을 활용해보는 것이 최근 트렌드다. 네이버 블로그는 Z세대 30대에게 '갓생 수단'으로 자리 잡혔다. MZ세대 사이에서 매일 열심히 살아가는 하루 일상을 꾸준히 기록하려는 욕구가 커지며 갓생이라는 신조어가 등장했다. Z세대는 개인의 일상을 기록하고 공유하려는 목적으로도 블로그를 이용한다. 특히 사진과 글자 수 제한이 없어서 일기장으로 또는 전문 주제를 다루는 용도로 많이 사용한다.

세 번째는 SNS를 트렌드 검증 수단으로 사용하는 방법이다. 일상생활을 하며 사람들과 만남을 통해 읽어낸 내용이 트렌드로 확장할 수 있고 일반화가 가능한지 궁금할 때, 이를 SNS에 업로드하고 본인이 목격한 모습을 간단히 올리고 사람들 반응이나 댓글을 확인하는 방법이다. 이때 좋아요와 댓글이 얼마나 많은지 살피게 되면 지금의 작은 변화가 트렌드로 발전할지 잠시 지나가는 소나기처럼 끝날지 금방 판단할 수 있다. 그리고 이러한 검증법은 개별 SNS가 아닌 소셜 빅데이터 분석을 통해서도 가능하다(소셜 빅데이터 활용은 바로 이어지는 글 "데이터 분석"편에서 자세히 다룬다).

* 대학내일20대연구소, <Z세대 주요 소셜 미디어 플랫폼 트렌드>(보고서), 2021년

———— SNS는 일상 속에서 말로 표현하지 못했던 가치관이나 태도를 기록으로 남기며, 상대에게 나의 상태나 생각 등을 보여주고 동의를 구하거나 때로는 자랑하며(?) 공감대를 형성해가는 채널이다. 트렌드를 읽고 새로운 상품 혹은 사업 등을 기획할 때 SNS를 이용하게 되면 타겟 고객을 이해하는 최고의 방법이 된다. 그리고 이들이 선호하는 채널을 확인하고 어떤 이슈가 부각되는지, 다른 세대와는 어떻게 다른지 등을 파악하는 용도로도 좋다. 이러한 활동은 고객의 잠재된 니즈를 읽는데 도움을 준다. 그리고 선호하는 SNS는 계속해서 변화할 수 있으니 주기적으로 확인하는 것도 빼놓지 말아야 한다.

14

알면서도 귀찮다고
한 번도 안 해보는
"데이터 분석"

연말 연초가 되면 트렌드 교육 의뢰가 많이 들어온다. 전 직원 대상 특강이거나, 상품 개발을 위한 기획 부서의 시뮬레이션 심화 교육 등이다. 그런데 최근 들어 R&D 부서원을 대상으로 하는 교육 의뢰가 점점 많아지고 있다. 연구원들도 고객과 시장을 이해하는 기본 소양을 기획자나 마케터 이상으로 갖춰야 한다는 이유에서다. 연구원을 대상으로 하는 트렌드 읽기 과정에서 가장 많은 공감을 얻는 것이 바로 데이터 분석을 통한 트렌드 읽기다. 연구원이라는 특성 때문인지 정량적 해석이 가능한 데이터 분석을 선호한다. SNS에서 인사이트를 도출하는 '소셜 빅데이터 분석', 무슨 단어를 많이 검색하는지 확인할 수 있는 '검색 빅데이터 분석', 어떤 뉴스가 많이 발행되는지 확인하는 '뉴스 빅데이터 분석'. 이 세 가지 분석을 이용하게 되면 특별한 스킬 없이도 고객의 속마음을 읽는 정량적 수치를 얻을 수 있다.

빅데이터 분석에 대한 관심이 크다. 모든 산업과 기업에서 앞다투어 빅데이터를 사용해 기획이나 개발을 진행한다. 기존의 데이터와 빅데이터의 차별점은 '3V'로 표현된다. 양적으로 데이터 크기가 크고(Volume), 실시간 처리의 속도가 빠르고(Velocity), 사진, 오디오, 비디오, 소셜 미디어 데이터, 로그 파일 등으로 데이터 유형도 다양하다(Variety)는 뜻이다. 이런 특성을 갖는 빅데이터로 어떻게 트렌드를 읽을 수 있을까? 빅데이터 분석 방법에는 여러 가지가 있겠지만, 1)소셜 빅데이터 분석, 2)검색 빅데이터 분석, 3)뉴스 빅데이터 분석 세 가지를 메인으로 살펴보자.

첫 번째 1)"소셜 빅데이터"란 사람들이 SNS에 올리는 방대한 양의 텍스트와 이미지 전체를 의미한다. 소셜 미디어에

SNS 빅데이터를 통해 얻을 수 있는 정보 내용

서 수집되는 빅데이터는 자발적이고 솔직한 의견이 주류를 이룬다. 그런 만큼 사람들의 생각을 있는 그대로 읽어낼 수 있다는 점에서 활용도가 높다. 많은 공공 기관이나 기업들이 중요한 의사결정을 해야 할 때 소셜 빅데이터를 활용한다.

주요 분석 대상은 이슈가 되는 키워드 그리고 같이 언급되는 연관어다. 키워드와 연관어의 언급량 정도, 언급량 변화 추이, 키워드와 연관어가 포함된 전체 텍스트, 텍스트의 내용이 긍정적인지 부정적인지 등을 보는 것이 핵심이다. 언급량 증가는 트렌드가 성장 단계에 있음을 의미하고, 반대로 언급량 감소는 정체 또는 소멸 단계에 있음을 의미한다. 그리고 키워드와 함께 연관어 분석을 하게 되면 해당 키워드가 부상하게 된 맥락, 배경 등을 확인할 수 있다. 전체 텍스트의 내용이 긍정적인지 부정적인지는 해당 키워드가 계속해서 지속할지 그렇지 않고 사라질지를 판단하는 기준이 된다.

소셜 빅데이터 분석 툴 중 하나인 썸트렌드를 활용해서 좀 더 구체적으로 살펴보자. 친구들 모임에서 유명 카페, 커피 종류나 맛, 집에서 마시는 커피와 커피머신, 집을 카페처럼 꾸미는 것 등이 많아진 것을 생각하고 '홈카페'라는 키워드를 떠올려보았다. 썸트렌드에 '홈카페'를 키워드로 입력하고 기간을 설정한 다음 X(트위터), 블로그, 인스타그램에서의 언급량 추이를 살펴보았다. 지속해서 언급량이 증가하고 있

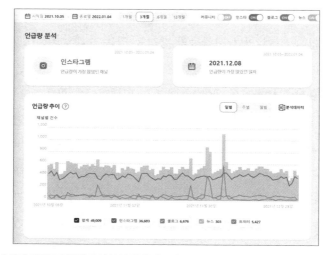

홈카페 키워드 언급량 추이 분석 결과(썸트렌드)

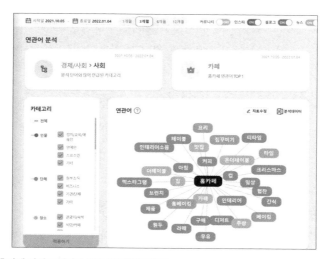

홈카페 키워드 연관어 분석 결과(썸트렌드)

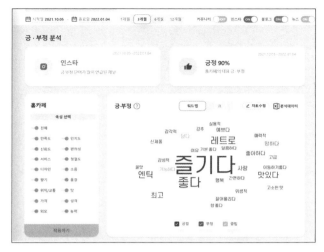

홈카페 키워드 긍부정 감성어 분석 결과(썸트렌드)

음을 확인할 수 있다. 즉, 사람들의 관심사가 늘고 있는 성장
기에 있는 키워드이다.

　연관어 분석을 해보자. '홈카페'의 연관어로 '인테리어'
'집꾸미기'가 등장한다. 홈카페를 단순히 커피를 마시는 공간
으로만 생각하는 것이 아니라 인테리어로 인식하고 이에 대
한 정보를 얻거나 공유하고 있음을 알 수 있다. 긍부정 감성
어 분석에서는 '즐기다' '좋다'등의 단어로 표현되는 긍정 비
율이 높다. 앞으로도 사람들이 홈카페를 계속해서 즐길 것으
로 해석할 수 있는 부분이다.

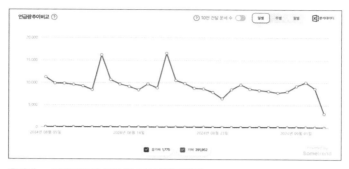

홈카페 vs. 카페 언급량 추이 비교 분석(썸트렌드)

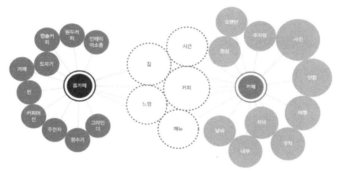

홈카페 vs. 카페 연관어 비교 분석(썸트렌드)

    한발 더 나아가 '홈카페'와 '카페'로 비교 분석을 해보면, 언급량 추이 비교를 통해 카페가 홈카페에 비해 월등히 검색량이 많음을 알 수 있다. 홈카페는 아직은 초기 단계로 일부 관심 있는 얼리어답터나 조기 수용층 정도에서 이용하고 있음을 알 수 있다.

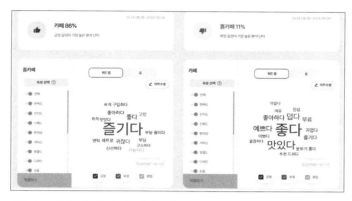

홈카페 vs. 카페 긍부정 비교 분석(썸트렌드)

이 둘의 공통적인 연관어로는 집, 시간, 느낌, 커피, 메뉴가 나타난다. 여유롭게 커피는 즐기는 곳으로 카페와 홈카페가 인식되고, 집에서 즐길 수 있는 다양한 커피 메뉴 상품이 필요하다는 것을 알 수 있다. 그리고 '집'이 카페와 홈카페에서 공통 연관어로 보이는데, 전체 텍스트로 문맥 확인을 해보면 홈카페는 '집에서 홈카페를 즐긴다'라는 내용이 많고, 카페는 '집에서 가까운 카페'라는 근접성을 언급한다.

홈카페쪽의 연관어만 보게 되면 인테리어 소품, 도자기, 빈, 주전자 등이 보인다. 홈카페를 만드는 과정에서 그릇과 집, 인테리어에 관심이 많음을 알 수 있다. 이런 점에 착안한다면, 홈카페 용품과 함께 인테리어 소품을 연계해 보는 것도 새로운 비즈니스 기회가 된다. 카페쪽에서만 언급되는 연관어는 사진, 맛집, 여행, 오랜만 등으로 특별한 사람과 특별한 시간에 사진을 찍는 장소로 카페가 인식되고 있음을 유추해볼 수 있다. 위치, 사진 찍기 좋은 분위기 등은 카페 운영의 핵심 요소다.

홈카페, 카페 둘 다 긍정적으로 인식된다. 카페 이용이 어떤 부정적 이유로 홈카페로 대체되는 것이 아니라, 상황에 따라 둘 다 유용하게 이용되고 있음을 확인할 수 있다. 홈카페의 부정 키워드로 '부담' '귀찮다'를 볼 수 있는데, 전체 텍스트를 보게 되면 커피 캡슐에 대한 부담스런 가격과 커피 찌꺼기 등의 쓰레기 처리에 대한 부정적 관점이 있음을 확인할 수 있다. 마찬가지로 이를 잘 해결한다면 중요한 사업 포인트가 될 수 있다.

두 번째 2)"검색 빅데이터"는 키워드 기반의 분석 결과를 제공한다. 주요 포털 사이트에서 해당 키워드가 얼마나 많이 검색되었는가를 주요 분석 내용으로 한다. 검색 빈도는 곧 해당 키워드에 대한 사람들의 관심이다. 포털 사이트에서 제공하는 검색어 분석 서비스를 이용하면 검색 빈도 추이와 함께 연령별, 지역별 차이 등을 확인할 수 있다. 대표적인 툴로 네이버 데이터랩, 구글 트렌드 등이 있다.

네이버 데이터랩은 네이버 포털에서의 검색 데이터를 활

용하여 '검색어 트렌드' 메뉴에서 키워드(주제어)의 검색 빈도에 대한 추이 분석을 제공한다. 분석 기간은 2016년 1월 이후부터다. 주제어는 5개까지 입력해서 비교 분석이 가능하며 이용자의 성별, 연령대를 구분해서 분석할 수 있기 때문에 신상품이나 타겟에 대한 의미 있는 인사이트를 도출할 수 있다.

실제 '립스틱'과 '틴트'를 주제어로 2018년 이후의 검색 추이를 분석한 결과를 보자. 결과를 보면 10대와 20대의 경우 립스틱과 틴트의 검색 빈도가 점점 줄어들고 있는 반면, 50대 이후에서는 코로나 종료 후부터 확연히 늘어난 것을 볼 수 있다. 10대와 20대 사이에서 줄어든 이유는 검색 플랫폼이 포털, 인스타그램, 유튜브 등으로 다양화되었다는 점을 들 수 있는 반면 50대 이후의 증가 원인은 코로나 이후 입술 화장에 대한 관심 증가로 유추해볼 수 있다.

또 한가지 주목할 점은 10대와 20대에서는 립스틱에 비해 틴트의 검색량이 꾸준히 높게 나타나는 반면, 50대 이상에서는 반대로 립스틱 검색량이 높게 나왔다. 만약, 틴트 제품의 매출을 높이고 싶은 기획자라면 이러한 분석 결과를 갖고서 10대와 20대를 타겟으로 올해의 유행 컬러 살구색을 반영한 상품을 개발하고, 프로모션으로는 인스타그램, 틱톡, 유튜브의 숏폼을 적극 활용할 수 있다. 그리고 50대 이상 연령대에서 립스틱이 틴트보다 선호되는 원인을 생각해보고,

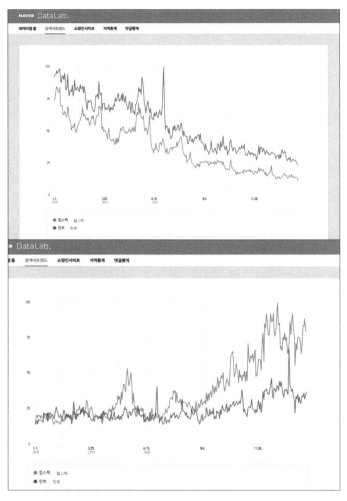

립스틱 vs 틴트로 분석한 검색어 트렌드(네이버 데이터랩)

위는 10대와 20대, 아래는 50대 이상에서의 검색량이다. 여성으로 한정해서 데이터를 분석했다.

틴트 자체를 모르는 것이 원인이라면 립스틱과 대비되는 특성을 알리는 방향으로, 틴트의 금방 지워지는 점이 원인이라면 이를 보완하는 방향으로 신상품 개발을 검토할 수 있다.

이처럼 기본적인 추이 분석뿐만 아니라 키워드간 비교분석, 연령별 분석을 더하면 내 활용 목적에 좀 더 부합하는 인사이트를 얻을 수 있다.

네이버 데이터랩에 비해 구글 트렌드는 글로벌한 검색 추이를 보는 데 유리하다. 분석 기간도 2004년부터 가능하기 때문에 장기 추이를 볼 수 있으며 국가별, 국가 내 지역별 분석도 가능하다. 구글 트렌드에서 '하이브리드카'를 키워드로 2010년 이후 추이가 어떤 양상을 보이는지 분석해보자.

하이브리드카에 대한 관심은 지속해서 상승하고 있으며, 특히 2010년 이후 상승폭이 커지는 것을 알 수 있다. 지역별(국가별)로 보게 되면 스리랑카, 뉴질랜드, 영국 등에서 특히 검색량이 많다(석유 자동차의 점진적 퇴출을 정책으로 추진하는 국가들에서 검색량이 높게 나타남). 하위 지역별로도 비교가 가능하기 때문에 미국을 기준으로 지역별로 보게 되면 캘리포니아와 워싱턴 주에서 관심도가 높은 것을 알 수 있다.

지역별 분석 결과는 신상품 프로모션을 할 때 각각 다른 판매 전략을 짜는 데 도움을 준다. 하이브리드카에 대한 관심이 높은 지역에서는 시승 체험을 주로 하는 프로모션을 기획

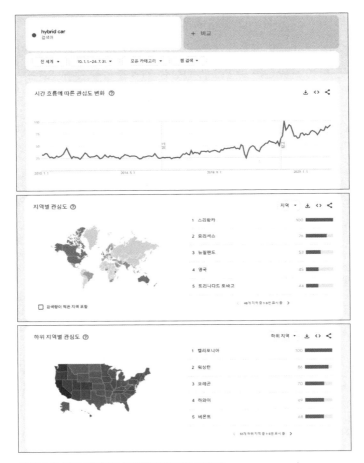

하이브리드카를 키워드로 분석한 결과(구글 트렌드)

맨 위는 2010년 이후 하이브리드카에 대한 검색량 추이이며, 가운데는 지역별 관심도, 맨 아래는 하위 지역별 관심도를 분석한 결과다.

하고, 관심도가 낮은 지역에서는 하이브리드카는 어떤 특성이 있고 기존 내연기관 차량 대비 어떤 장점이 있는지를 알리는 것으로 프로모션을 기획할 수 있다.

소셜 빅데이터 분석과 검색어 빅데이터 분석에 이어 마지막 세 번째, 3)"뉴스 빅데이터" 분석을 해보자. 뉴스 빅데이터는 특정 키워드가 뉴스에서 얼마나 많이 언급되었는지를 분석하는 방법이다. 뉴스 언급 양을 기준으로 하는 만큼 결과 값은 해당 키워드에 대한 사회적 관심 정도로 해석할 수 있다. 뉴스 빅데이터는 언론진흥재단에서 운영하는 빅카인즈를 활용할 수 있다. 빅카인즈 이용에 대해서는 트렌드 읽는 습관의 하나로 "뉴스 읽는 법"을 설명하는 꼭지에서 다룬 적 있다(그래서 자세한 이용 설명은 생략하겠다).

──── 빅데이터의 중요성이 부각되면서 기업마다 자체적인 빅데이터 분석툴을 구축하는 경우가 점점 늘고 있다. 조직 내에서 활용할 수 있는 빅데이터 툴이 있다면 좀 더 장기적인 관점에서 데이터 분석을 할 수 있지만, 꼭 이런 툴이 없더라도 공개된 분석 서비스를 이용하면 기초적인 트렌드 읽기가 가능하다. 무료 툴 이용에 대해서는 다들 잘 알고 있지만, 귀찮고 번거롭다는 이유로 혹은 무료라서 별 도움이 안 된다는 식으로 대충 넘겨버린다.

처음부터 의미 있는 인사이트를 얻기는 쉽지 않다. 사례에서 본 것처럼 어떤 키워드를 입력하느냐 혹은 어떤 키워드로 비교하느냐에 따라 결과 값은 달라진다. 의미 있는 인사이트를 얻기 위해서는 무작정 이것저것 키워드를 넣어보기보다 (처음 시도하는 단계에서는 이 또한 의미있는 일이지만) 일상에서의 관찰 내용이나 관련 뉴스 등을 파악해서 '아마 이렇게 분석하면 이러이러한 결과가 나오지 않을까'라는 가설을 세우고 이에 따라 분석을 진행하는 것이 더 좋다. 내가 피부로 느끼는 것과 실제 데이터 상의 분석 결과가 얼마나 들어맞는지 꼭 확인해보면 좋겠다.

기간 비교를 통한 트렌드 읽기

네이버 데이터랩은 쇼핑 카테고리에서의 검색어 분석 결과도 제공한다. 패션, 화장품, 가전, 식품 등 분야별 클릭량 추이뿐만 아니라 성별, 연령별 클릭량 비교, 관련 인기 검색어 순위도 제공한다. 쇼핑을 목적으로 검색을 시도한 데이터인 만큼 일반 검색어와는 다른 결과 값을 확인할 수 있다. 오히려 비즈니스적으로는 더 유용한 데이터다. 그리고 기간을 달리해서 클릭량을 비교 분석할 경우, 좀 더 트렌드 읽기에 부합하는 분석이 가능하다.

식품분야에서 '김치'에 대해 2017년 8월부터 이듬해 7월까지, 그리고 5년 후인 2022년 8월부터 2023년 7월 이렇게 두 개 기간으로 구분하여 데이터 비교를 해보자. 2017~18년에는 김장철 직전인 10월부터 11월까지 클릭량이 많은 반면(김장철은 보통 11월 말부터 12월이다), 2022년부터 2023년에는 클릭이 많은 기간이 3월까지로 늘어난 것을 볼 수 있다. 그리고 클릭량이 많은 연령대는 30~40대에서 40~50대로 변화했다. 김장철 전후로 김치 관련 검색이 늘어나는 현상이 해를 거듭할수록 완화되고 있음도 확인할 수 있다. 점점 더 김장철에 김장을 하지 않는 세대가 늘어나고 있음을 원인으로 추정해볼수 있다. 그리고 젊은 층뿐만이 아니라 50대까지도 김치를 사 먹는 일이 증가하고 있음도 알 수 있다.

인기 검색어 순위에서는 브랜드 변화도 파악할 수 있다. 2017~18년에는 '종가집김치'가 상위 20위 내에 다수 랭크되어 있는 반면, 2022~23년에는 '조선호텔김치'가 상위로 부상하고 종가집김치는 18위에 랭크되는 것에 그쳤다. 사 먹는 김치도 다양화, 고급화 추세를 따르고 있음을 감지할 수 있다.

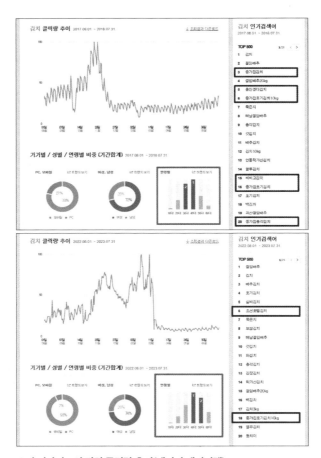

쇼핑 인사이트의 김치 클릭량 추이(네이버 데이터랩)
위는 2017년 8월부터 2018년 7월까지, 아래는 5년 후인 2022년 8월부터
2023년 7월까지의 데이터를 분석한 결과다.

15

"챗GPT"를 이용한
트렌드 읽기

대학생들과 이야기를 나눠보면 컨설턴트가 선호하는 직업 중 하나임을 알 수 있다. 왜 컨설팅 일을 하고 싶은지 물어보면 "연봉이 높을 것 같아요"라고 말한다. 그러면 "근무시간이 길어서 시간당 임금은 낮습니다"라고 답변하며 쓴웃음을 짓는다. 컨설팅 업무를 하다 보면 기업이 당면한 문제를 명확히 하고 이를 해결하기 위해 자료조사, 리서치, 인터뷰 등 논리적 근거 자료를 찾는데 많은 시간을 쓴다. 자료 조사를 하다 밤을 새우는 일도 많다. 그런데 요즘 후배 컨설턴트를 보면 자료 조사에 들어가는 시간이 우리 때보다 훨씬 줄었다. 예를 들어 "줄기세포에 대한 미국, 중국, 유럽, 일본의 연구 동향을 파악하고, 국가별 인증 절차와 규정에 대해 정리해 달라"라고 요청하면 불과 하루 만에 자료를 가지고 온다. 어떻게 이렇게 빨리 자료 조사를 했느냐 물으면, 챗GPT에서 기초 자료를 서칭하고 자료원을 찾아 좀 더 구체적인 정보를 추가했다고 한다.

"챗GPT"는 등장 1년여 만에 정보 탐색 방식을 바꿔 버렸다. 사용자가 필요로 하는 내용을 일일이 찾아야 하는 방식에서 일대일 채팅 방식으로 쉽게 정보를 탐색하도록 도와준다. 오픈서베이 조사에 따르면, 일반 성인 10명 중 3명 이상이 챗GPT를 직접 사용해 보았고, 일반 검색 서비스 대비 만족스럽다는 의견이 66.7% 였다. 주요 활용 용도는 자료 수집(53.9%)과 정보 요약(48.7%)이었다.

챗GPT(생성형 AI)를 트렌드 읽기에서는 어떻게 활용할 수 있을까? 챗GPT의 특성상 과거부터 현재까지 누적된 방대한 자료를 요약해주므로 미래를 예측하는 관점에서 트렌드 읽기를 할 수 있다. 특히 전산업을 대상으로 10년 이상 오랫동안 지대한 영향을 미치는 메가트렌드 파악에 적합하다. 메가

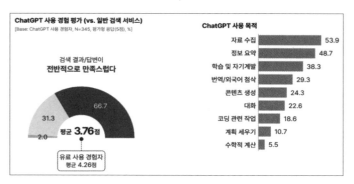

일반 검색 서비스 대비 챗GPT 사용 경험
(오픈서베이, '검색 트렌드 리포트 2024', n=1000(사용 경험자 n=345), 단위 %)

트렌드는 지속시간도 긴 만큼 그간에 누적된 자료도 많다. 주요 메가트렌드가 무엇이고, 우리 산업 분야의 영향이나 대응 방향, 타겟별 대응 등을 질문하면 유용한 답변을 얻을 수 있다. 그리고 성장기 혹은 성숙기에 있는 트렌드의 영향력과 리뷰 등도 누적된 자료가 많아 쉽게 확인할 수 있다.

하지만 챗GPT는 과거의 자료를 학습한 후 이를 정리하는 것이지 스스로 생각해서 미래를 예측하는 것은 아니다(일부 연산은 가능하다). 예측을 요청해도 이미 누군가가 어딘가에서 했던 여러 전망을 갈무리하는 정도이지, 챗GPT 스스로 어떤 미래 시나리오를 창조하는 것은 아니기 때문이다. 그리고 현재 미묘한 변화 정도로 감지되거나, 트리거의 작용에 따라 확산 여부가 달라지는 생성기 단계의 트렌드나 소수의 집단에게 영향을 미치는 마이크로트렌드 파악에는 누적된 자료가 제한적이므로 한계가 있을 수밖에 없다.

챗GPT는 사용자가 물어보는(프롬프트를 입력하는) 것에 답변하는 구조로 되어 있다. 따라서 물어보는 순서를 어떻게 하느냐, 혹은 어떤 조건에서 물어보느냐에 따라 매우 다른 답변이 나온다. 즉, '어떻게' 물어보느냐가 중요하다. 챗GPT를 활용해 트렌드 파악을 하는 데 있어서, 질문(프롬프트)을 잘 하는 방법에 대해 알아보자.

첫 번째, 관심이 가는 키워드가 있다면 먼저 물어보고 답변의 범위를 좁혀 가는 것이 필요하다. 예를 들어, "특정 산업에 메가트렌드가 어떤 영향력을 미치며 이에 따라 어떤 대응이 필요한가" 식으로 묻기보다는 먼저 "메가트렌드에 대해서 말해줘"라고 질문을 하고 답변을 들은 후 시간에 대한 조건을 제시하며 다시 질문한다. "2030년 미래 전망에 대해 메가트렌드를 고려해서 말해줘"라는 식으로 말이다. 그다음에는 "○○ 산업의 2030년 미래 전망에 대해 말해줘"라고 특정해서 좁혀서 질문한다.

두 번째, 구체적인 상황을 설명하며 물어본다. 가능한 구체화해서 물어보거나 질문의 맥락을 알아들을 수 있도록 상황을 설명하는 것이 필요하다. 예를 들어, 메가트렌드가 무엇인지 먼저 물어보고, 이에 대한 답변으로 인구 구조의 변화와 고령화, 저성장, 초불확실성, IT 융합 디지털화라는 답변을 얻었다고 해보자. 그렇다면, 앞서 제시한 것처럼 "식품 유통 산업의 2030년 미래 전망에 대해 말해 줘"라고 질문하기보다 "고령화, 저성장, 초불확실성, IT 융합 디지털화 등의 메가트렌드 영향 아래에 식품 유통 산업의 2030년 미래 전망에 대해 말해줘"로 구체적으로 질문하는 게 더 낫다.

세 번째, 여러 가지를 한꺼번에 질문하지 않고 하나씩 물어본다. 질문이 많아지면 질문에 대한 답변의 깊이가 얕아진다. 깊이 있는 답변을 원한다면 한 번에 하나씩 물어보는 것이 좋다.

네 번째, 단계별 학습 후 핵심 질문을 던지는 것이다. 식품 유통 산업의 산업 및 경쟁 현황을 묻고 메가트렌드 변화에 따른 기업의 대응 현황, 고객의 요구 사항 변화, 해당 제품에 대한 소재와 기술 동향에 대해 질문한 후 제품 컨셉을 물어 본다면 좀 더 심도 있고 신뢰성 높은 답변을 얻을 수 있다.

다섯 번째, 때에 따라 새로운 창을 열어 질문해 볼 수 있다. 챗GPT는 기존 대화 창이 아닌 새로운 대화창에서 질문 하게 되면 다른 답변을 준다. 메가트렌드에 대한 단계별 질문 을 한 후에 신제품 개발 컨셉을 물어봤을 때와 새로운 창을 열고 사전 질문 없이 바로 신제품 개발 컨셉을 물어보면 이 전과 다른 답변을 한다. 이때 두 답변을 비교해 본다면 좀 더 정확한 답을 얻을 수 있다.

여섯 번째, 영어로 질문하는 방법이다. 챗GPT는 아직은 영어에 더 능숙하기 때문에 한국어 단어 중 알아듣지 못하는 것이 있다. 그래서 영어로 질문했을 때 좀 더 수준 높은 품질 의 답변을 얻을 수 있다. 답변의 내용이 만족스럽지 못할 때 는 영어로 다시 질문해 보는 것도 좋은 방안이다.

마지막으로, 챗GPT가 내놓은 답변을 검증한 후 사용하는 것을 권한다. 챗GPT의 답변을 그냥 쓰기보다는 기존에 사용 하던 업계 매출 자료나 제품 사용 실태 관련 고객 조사 결과

등 기존에 사용하던 여러 지표나 보고 자료를 갖고서 비교하며 검증하는 단계를 한 번 더 거치는 것이 좋다.

───── 챗GPT를 비롯한 각종 인공지능 서비스는 현재 여러 분야에서 유용하게 활용되고 있다. 특히 방대한 자료를 요약하고 다양한 형태로 보고서를 만들어 내는데 매우 효율적이다(비즈니스 컨설턴트 입장에서 사용해보았을 때). 트렌드를 읽고 예측한다는 관점에서 유용하게 사용할 수도 있으나 누적된 과거 데이터를 중심으로 미래를 '전망한다'(?)는 인공지능의 매커니즘을 잘 알고 활용하는 것이 중요하다. 그리고 필자가 몇 가지 프롬프트 예시를 제시하긴 했지만 서비스는 계속해서 업그레이드되는 만큼, 자주 이용해보면서 자신만의 프롬프트 노하우를 확보하는 것이 여러 권의 챗GPT 가이드북을 보는 것보다 훨씬 낫다.

챗GPT로 전망해보는
"2025년 식품산업트렌드"

프롬프트1: "식품산업에 영향을 미치는 주요 환경요인에 대해 말해줘."

챗GPT답변:

식품산업에 영향을 미치는 주요 환경요인은 다양하며, 이들 요인은 식품의 생산, 가공, 유통 및 소비에 큰 영향을 미칩니다. 주요 환경요인은 다음과 같습니다

1. 기후 변화:

기후 변화는 농작물의 수확량, 품질, 병충해 발생 등을 변화시키며, 이는 식품 원재료의 안정적인 공급에 영향을 미칩니다. 극단적인 기후 조건(가뭄, 홍수 등)은 식량 생산을 저해할 수 있습니다.

2. 정책 및 규제:

정부의 식품 안전 규제, 환경 보호법, 무역 규제, 식품 표시 기준 등은 식품 산업에 큰 영향을 미칩니다. 이러한 규제는 식품 제조 과정, 유통, 수출입 등에 직접적인 영향을 미칠 수 있습니다.

3. 경제적 요인:

경제 성장률, 인플레이션, 소비자 구매력, 환율 변동 등은 식품 가격과 수요에 영향을 미칩니다. 특히 원자재 가격 상승이나 경기 침체는 식품 산업 전반에 큰 부담을 줄 수 있습니다.

(중략)

이와 같은 환경요인들은 식품 산업의 경쟁력, 혁신, 지속 가능성에 결정적인 영향을 미치며, 기업들은 이러한 요인들을 면밀히 분석하고 대응 전략을 수립할 필요가 있습니다.

프롬프트 2: "주요 환경 요인을 고려해서 2025년 식품산업트렌드를 전망해줘."

ChatpGPT 답변:

2025년 식품산업은 앞서 언급한 주요 환경요인들에 의해 다양한 트렌드를 보일 것으로 예상됩니다. 이러한 트렌드는 기술 발전, 소비자 행동, 기후 변화 및 규제 강화 등이 복합적으로 작용하면서 나타날 것입니다. 주요 트렌드는 다음과 같습니다.

1. 지속 가능한 식품 생산 및 소비

- 환경 및 기후 변화에 대한 대응: 기후 변화에 따른 농업 생산의 불확실성이 커지면서, 식품산업은 지속 가능한 생산 방식을 강화할 것입니다. 친환경 농업, 재생 농업, 수직 농업 등 지속 가능한 농업 기술이 확산될 것입니다. 또한, 탄소 발자국을 줄이기 위한 노력으로 식품 공급망의 효율성을 높이고, 재생 가능한 에너지원 사용을 늘리는 방향으로 산업이 발전할 것입니다.

- 윤리적 소비 증가: 소비자들은 환경 보호, 동물 복지, 공정 무역에 대한 관심이 높아지고 있습니다. 이에 따라 식품업체들은 제품의 생산 과정에서의 투명성을 높이고, 윤리적 기준을 충족하는 제품을 개발하는 데 주력할 것입니다.

2. 기술 혁신과 디지털화

- 정밀 농업과 스마트 농업의 확대: IoT, AI, 드론, 빅데이터 등 첨단 기술을 활용한 정밀 농업이 확대될 것입니다. 이는 농업 생산성을 높이고, 자원 사용을 최적화하여 환경적 영향을 최소화하는 데 기여할 것입니다.

- 푸드테크의 발전: 대체 단백질(예: 식물성 고기, 배양육) 및 식품 3D 프린팅 기술의 발전으로 새로운 형태의 식품이 시장에 등장할 것입니다. 이러한 혁신적인 식품은 건강, 환경 보호, 윤리적 소비를 추구하는 소비자들의 요구에 부합할 것입니다.

- 유통 및 물류의 디지털화: 블록체인 기술을 통한 식품 이력 추적, 로봇을

이용한 자동화 물류 시스템, 드론 배송 등의 도입으로 식품 유통과 물류가 더욱 효율적이고 투명해질 것입니다.

3. 개인화된 건강 식품

- 개인 맞춤형 영양 솔루션: 개인의 유전자, 건강 상태, 라이프스타일에 맞춘 맞춤형 영양 식품의 수요가 증가할 것입니다. AI와 빅데이터를 활용해 개인별 맞춤 식단을 제공하는 서비스가 활성화될 것으로 예상됩니다.
- 기능성 식품의 성장: 면역력 강화, 장 건강 개선, 정신적 웰빙 등을 목적으로 한 기능성 식품의 인기가 계속해서 증가할 것입니다. 특히, 팬데믹 이후 건강에 대한 관심이 높아지면서, 이러한 식품에 대한 수요는 더욱 늘어날 것입니다.

(중략)

이와 같은 트렌드는 2025년 식품산업이 기술 혁신과 지속 가능성, 개인화된 건강관리 및 글로벌 공급망의 재편성을 중심으로 발전해 나갈 것을 시사합니다. 이러한 변화는 식품 기업들이 새로운 기회를 모색하는 동시에, 보다 복잡하고 다양한 소비자 요구에 대응하는 능력을 요구할 것입니다.

프롬프트3: "2025년 식품 트렌드를 고려해서 신상품 컨셉을 제안해줘."

ChatpGPT 답변:

2025년 식품 트렌드를 반영한 신상품 컨셉을 제안하겠습니다. 지속 가능성, 개인화된 건강 관리, 기술 혁신을 중심으로 한 트렌드를 반영한 제품입니다.

상품명: "EcoFit Protein Bites"

컨셉 설명: "EcoFit Protein Bites"는 건강과 환경을 동시에 생각하는 소비자들을 위한 고단백 스낵입니다. 이 제품은 대체 단백질과 슈퍼푸드를 활용하여 만들어졌으며, 개인 맞춤형 영양 제공을 위해 AI 기반의 영양 분석 서비스를 함께 제공합니다.

핵심 특징:

1. 대체 단백질 기반:

- 주요 성분: 식물성 단백질(콩, 완두콩 단백질 등)과 곤충 단백질을 혼합하여 고단백, 저칼로리의 영양가 높은 스낵을 제공합니다. 이는 육류 소비를 줄이고, 지속 가능한 식품 소비를 촉진하는 데 기여합니다.

2. 지속 가능한 패키징:

- 환경 친화적 포장: 포장은 100% 생분해성 소재로 만들어졌으며, 재활용이 가능한 친환경 포장 기술을 사용합니다. 패키징 디자인은 심플하면서도 자연을 연상시키는 그래픽을 사용하여 친환경 이미지를 강조합니다.

3. 맞춤형 영양 솔루션:

- AI 기반 개인 맞춤형 서비스: 구매자는 QR 코드를 통해 온라인으로 연결된 AI 영양 분석 플랫폼에 접속할 수 있습니다. 사용자의 건강 데이터와 라이프스타일을 분석하여 가장 적합한 맛과 영양소가 조합된 맞춤형 "EcoFit Protein Bites" 패키지를 추천받을 수 있습니다.

- 유전자 및 혈액 분석: 추가적으로 유전자 및 혈액 분석을 통해 더 세밀한 맞춤형 영양 솔루션을 제공하는 프리미엄 옵션도 제공할 수 있습니다.

(중략)

결론:

"EcoFit Protein Bites"는 2025년 식품 트렌드인 지속 가능성, 개인 맞춤형 건강 관리, 기술 혁신을 모두 반영한 신개념 고단백 스낵입니다. 이 제품은 환경을 생각하는 동시에 건강을 챙기고자 하는 현대 소비자들에게 매력적인 선택이 될 것입니다.

16

전문 미디어
"트렌드 정보 사이트"
이용하기

기업에서 트렌드 관련 강의를 할 때면 분석 방법은 물론이고, 최근 트렌드는 무엇인지, 관련해서 주목을 끌고 있는 제품이나 서비스에는 어떤 것이 있는지, 찾아보는 과정을 거친다. 이를 위해 뉴스, 서적, 전문 미디어 등을 활용하는데, 그 중에서도 빼놓지 않고 체크하는 것이 전문 트렌드 정보 사이트다. 이를 통해 산업 전반이나 소비자 트렌드까지 두루두루 살펴보게 되면 생각보다 다양한 정보와 아이디어를 얻을 수 있다. B2B 산업에 속한 영업 담당자라도 소비재 산업에 대한 정보나 최신 기술 관련 정보로 얻을 수 있는 것들이 많으며, 새로운 아이디어를 얻고 관련 자료를 만드는 데도 활용도가 높다는 평가를 종종 듣는다.

전 세계에서 일어나는 다양한 정보들을 수집하고 이들 사이에서 새로운 유행과 트렌드를 발견하고 조망해내는 전문 사이트(미디어)들은 매우 유용한 정보원이다.

"트렌드 사이트"는 몇 가지 유형으로 구분할 수 있다. 먼저 트렌드 정보를 제공하는 것 자체를 목적으로 산업과 관련된 최신 트렌드를 다루는 곳이다. 대표적인 곳으로 트렌드 헌터(trendhunter.com)를 들 수 있다. 2005년 전 세계 전문가들이 각자 트렌드와 관련된 정보를 올리는 블로그형 사이트로 출발한 트렌드 헌터는 다양한 산업과 관련된 최신 트렌드를 발굴하고 소개하는 정보제공 플랫폼으로 월평균 2천만뷰 이상을 기록하는 미디어다. 산업별로 트렌드를 정리해서 게시하거나 리포트를 제공하고 있어 효율적인 활용이 가능하다.

여러 카테고리 중 핵심은 Tech, Life, Culture, Fashion 분야다. 식음료 트렌드를 얻고 싶다면 Life 카테고리 내의 세부 카테고리로 Drinking/Food가 있어서 여기만 집중해서 보면 된다. 이곳에서 소개되는 정보들은 연말 즈음이 되면 다음해 트렌드를 예측하는 트렌드 리포트로 별도 발간이 된다. 기업 맞춤 정보나 컨설팅 서비스는 유료지만 이메일링은 무료다. 가장 대표적인 트렌드 정보 사이트인 만큼, 무료 이메일 정도는 신청해서 업무에 활용하면 좋다.

다음은 공적 기관이 업무를 통해 얻은 트렌드 정보를 제

트렌드 헌터가 제공하는 트렌드 정보.
소개하는 제품(서비스)과 관련된 간단한 통계 정보도 함께 제공한다. 영향력
(popularity), 활성화 정도(activity), 새로움의 정도(freshness)를 10점 만점 기준의
점수로 제공해 막대 그래프로 보여 준다. 그리고 성별, 연령별, 지역별 정보 등도 함
께 보여준다.

트렌드 헌터의 연간 트렌드 리포트.
다양한 트렌드 키워드로 다음해 트렌드를 소개한다. 2025년 트렌드로 '(사용자가)업
그레이드 가능한 기술'을 정하고 관련 최신 제품을 소개했다. 트렌드를 읽는 것뿐만
아니라 벤치마킹 차원에서도 또는 아이디어 소스로도 활용할 수 있다.

KOTRA 해외시장뉴스

해외시장뉴스를 국가별, 산업별로 제공하여 관련 트렌드를 검색할 때 용이하게 활용할 수 있다.

유로모니터 홈페이지

글로벌 조사기업인 유로모니터가 운영하는 홈페이지로 글로벌 비즈니스, 시장 분석, 소비자 인사이트 관련 정보를 유/무료로 제공한다.

공하고 운영하는 곳이다. 대표적으로 KOTRA(대한무역투자진 흥공사)에서 운영하는 해외시장뉴스(kotra.or.kr/biz)를 들 수 있다. KOTRA는 무역 진흥과 외국인투자 유치를 위한 해외 시장 조사를 주요 사업으로 하고 있다. 84개국 129개 무역관 에서 수집한 시장, 상품, 서비스의 성공 사례 정보를 대륙별, 국가별, 산업별로 구분하여 볼 수 있다. 그리고 누구나 무료 로 이용할 수 있다. 공신력 있는 국가 기관에서 제공하는 정 보인 만큼 신뢰성 높은 자료로 봐도 된다.

마지막 유형은 시장조사 혹은 컨설팅 기업에서 트렌드 관 련 리서치 결과나 인텔리전스 자료를 공유하는 사이트다. 유 로모니터(euromonitor.com)는 글로벌 시장 조사와 데이터 분 석 서비스를 제공하는 글로벌 컨설팅 기업으로 자신들이 진 행한 시장 조사 내용을 사이트에 직접 게재하고 있다. 다만 유료와 무료 정보가 나누어져 있어 대략적인 글로벌 정보를 얻는 정도의 의미가 있다.

──── 트렌드 사이트는 트렌드 관련 전문기관에서 글로벌 트렌드를 선별하고 분석하는 곳이라는 특성이 있다. 전반적 인 트렌드는 물론이고 산업별 트렌드를 파악할 수 있다는 장 점이 있다. 내가 지금 기획하거나 마케팅하는 상품의 차별화 포인트를 명확히 하거나 차별성을 검증하고 싶을 때 활용할

수 있으며 특정 소재나 기술, 또는 특정 타겟을 대상으로 하는 기획이 어느 정도 구체화되고 나서 차별화 포인트를 명확히 하는 용도로도 쓸 수 있다. 내 관점에서 활용도가 높은 트렌드 사이트를 파악하고 정기적으로 체크하거나 메일링 서비스 등을 받아보자.

➕ 더 읽기
대표적인 트렌드 사이트

본문에서 소개한 사이트 외에 추가적으로 활용도가 높은 트렌드 정보 사이트를 알아보자.

1. 뉴아틀라스(newatlas.com)

기술, 발명, 혁신 관련 정보를 제공하는 트렌드 사이트이다. Gizmag.com으로 시작하여 2016년에 New Atlas로 명칭을 변경했다. 과학 기술 분야에 특화된 사이트다.

뉴아틀라스 홈페이지

2. 닛케이 X 트렌드(xtrend.nikkei.com)

일본경제신문의 자회사인 닛케이BP에서 발간하는 온라인 사이트로 자사의 대표적인 잡지인 닛케이 트렌디(Nikkei Trendy), 닛케이 디자인(Nikkei Design), 닛케이 MJ(Nikkei MJ) 등의 기사를 소개한다. 일본 트렌드를 빠르게 확인할 때 유용하다.

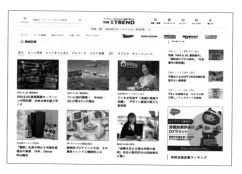

닛케이X 트렌드 홈페이지

3. WGSN (wgsn.com)

런던, 뉴욕, 홍콩, 상파울루에 지사를 두고 있는 세계적으로 권위 있는 패션 트렌드 기업으로 올해의 컬러, 올해의 패션 트렌드와 제품 디자인 등의 예측을 제공한다.

WGSN 홈페이지

WGSN 블로그

4. 트렌드와칭 (trendwatching.com)

네덜란드 암스테르담 소재의 시장 조사, 글로벌 트렌드 정보 회사다. 2002년부터 65개국 이상, 850명이 넘는 서포터즈 네트워크를 활용하여 전세계의 유망한 트렌드 정보를 제공한다. 데일리 인사이트, 산업 동향 등의 정보를 무료로 이용할 수 있다. 이메일 신청하면 주간 뉴스레터와 연간 트렌드 리포트를 무료로 받아 볼 수 있다.

트렌드와칭 홈페이지

17

트렌드 보고서의
"정량적 분석"을
활용하기

기업 의뢰로 상품 기획 컨설팅을 할 때, 사전에 프로젝트를 어떤 방법론으로 풀어갈지 기업 담당자와 충분히 논의한다. 이때는 프로젝트를 의뢰한 기업의 조직 문화도 함께 고려한다. 예를 들어, "우리 회사는 숫자로 검증되어야만 의사결정이 납니다"라고 하면 프로젝트의 많은 시간과 노력을 정량 조사에 할애한다. 교육에서도 마찬가지다. "트렌드는 정성적이라서 조직 설득에는 한계가 있어요" 이런 얘기를 하면, 정량적 데이터를 활용하는 방법을 교육 내용 속에 포함시킨다. 소비자의 가치관과 라이프스타일의 변화를 심층적으로 파악하는 것이 중요해지면서 정성적인 조사의 활용이 점점 더 높아지고 있지만, 여전히 의사결정 단계에서는 정량적인 데이터가 필수인 경우가 많다.

'트렌드 관련 자료'라고 했을 때 보통 우리가 떠올리는 내용은 욜로와 같은 트렌드 키워드를 중심에 놓고 무슨 의미인지, 발생하게 되는 배경은 무엇인지, 또 관련 상품 및 서비스의 국내 외 성공 사례는 무엇인지, 앞으로의 전망은 어떤지 등이다. 그러다 보니 트렌드 자료는 정성적인 분석 자료로 인식된다. 하지만 정성적 자료는 아무리 논리적으로 기술되어 있다 하더라도 일반화하기에는 한계가 있다는 평가를 받을 때가 있다. 특히 투자가 필요한 의사결정을 할 때 이점이 걸림돌로 작용하기도 한다. 이럴 때 유용하게 활용할 수 있는 것이 "정량적인 분석이 포함된 트렌드 분석 자료"다. 이런 자료는 주로 리서치 회사나 연구 기관, 금융사에서 리포트의 형태로 제공한다.

기존의 트렌드 관련 자료(뉴스, SNS글, 트렌드 전문 사이트의 포스팅 글 등)가 주로 새로운 트렌드를 한발 앞서 생성기 단계에서 읽어내는 것에 포인트를 맞춘다면, 정량적 분석의 트렌드 보고서는 이렇게 읽어낸 트렌드를 검증하고 관련 데이터를 포함하는 내용을 주로 담고 있다.

예를 들어 설명해보자. 주말에 오랜만에 마트에 가보니 식물성 단백질을 내세우는 제품 종류가 늘어난 게 보인다. 그리고 회사 동료 중 누군가는 가족 중 비건이 있다는 얘기도 한다. 이번 주에 도착한 트렌드 뉴스레터에서도 건강과 환경에 대한 관심이 높아지면서 동물성 단백질이나 밀가루, 설탕 등의 식품을 대신해서 제품과 맛, 식감 등은 유사하게 살리는 대체식품이 인기라고 한다.

이정도쯤 되면 여러 종류의 대체 식품이 확대되는 트렌드가 있다고 볼 수 있다. 그리고 여기에 관련된 정량 자료까지 확보하게 되면 좀 더 구체적으로 트렌드 분석이 가능하다. 전체 소비자 중 대체 식품 취식 경험률은 몇 퍼센트인지, 향후 취식 의향은 어느 정도인지, 취식 이유 혹은 미취식 이유는 무엇인지 성별, 연령대별, 지역별 차이도 데이터로 보완할 수 있다. 그리고 대체 식품 시장의 전망이 어떠한지, 향후 어떤 문제를 해

오픈서베이 <대체식품 트렌드 리포트 2024>의 오픈 애널리틱스 분석 화면
대체육 미섭취 이유에 대한 조사 결과를 성별과 연령대별로 다시 세분화해서 정량 데이터를 보여주는 등 기존 리포트보다 상세한 분석 결과를 볼 수 있다.

결하는 상품에 기회 요인이 있는지, 또 이러한 상품의 주요 타겟 연령대는 어떻게 설정하는 것이 좋은지 등의 데이터 확보가 중요하다.

이러한 정량 데이터가 포함된 트렌드 보고서는 산업별 혹은 업종별로 구분되어 발간되는 경우가 일반적이다. 자료 중에서는 조사 설문 문항과 통계 자료를 그래프나 표 형태로 제공하기도 한다.

────── 트렌드 보고서를 확보하기 위해서는 관련 단체나 연구 기관, 금융사 등을 정기 방문을 하면서 내가 챙겨야 할 리포트가 게재되었는지를 체크하는 것이 필요하다(메일링을 통해서 정기 보고서를 받는 것도 좋다). 꼭 보고서 제목에 '트렌드'라는 단어가 사용되지 않더라도 주목해서 보며, 자주 방문을 하게 되면 의미있는 자료 발견이 쉬워진다. 확보된 자료는 당장 필요한 내용이 아니더라도 그때그때 미루지 말고 읽어볼 것을 권한다. 또 읽어보고 향후에 활용 가능하다고 생각되는 보고서는 구분해서 저장해두면 좋다. 이 과정을 습관화하면 좀 더 효율적인 자료 활용이 가능하다. 향후 상품 기획이나 시장 조사를 위한 가설 수립 자료로도 요긴하게 활용할 수 있다.

➕ 더 읽기
정략적 분석 자료를 무료로 제공하는
리서치 사이트

1. 오픈서베이 블로그 (blog.opensurvey.co.kr) ─────────

소비자 데이터 플랫폼을 운영하는 조사 회사로 트렌드 리포트를 무료로 PDF 파일로 제공한다. 주로 뷰티, 식료품, 온라인 쇼핑, OTT 등 관련 조사 자료를 제공한다. 응답자의 성별은 물론, 10대부터 50대까지 연령대별 차이에 대한 분석 결과를 제공하므로 내 업무, 기획의 타겟에 따라 인용할 수 있다. 최근에는 오픈 애널리틱스 메뉴에서 관련 설문 추가 분석, AI 챗봇을 활용한 결과 리포트 서비스도 제공한다.

2. 트렌드 모니터 (trendmonitor.co.kr)

종합 리서치 회사 마크로밀엠브레인에서 운영하는 사이트다. 다양한 분야의 소비트렌드와 소비자 인식 관련 조사를 진행하고, 그 중 일부 자료를 무료로 공개한다.

3부

트렌드를
비즈니스로
연결하기

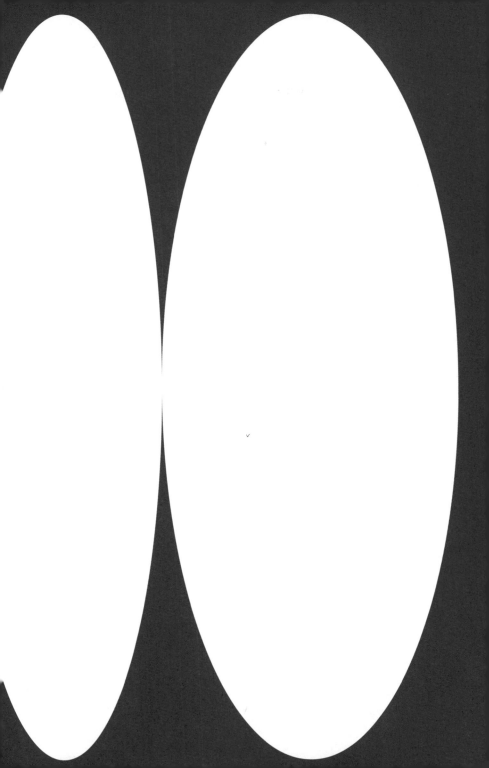

1

트렌드 주관화는
누구나 할 수 있다

트렌드 교육을 진행할 때, 담당자들이 자주 하는 말이 있다. "우리 회사 분들은 일반적으로 이슈가 되는 트렌드나 저희 업종과 관련 없는 사례를 갖고서 하는 교육에는 집중을 잘 못 합니다. 그러니까 저희 산업에 특화된 트렌드와 그것과 연관해서 성공하거나 실패한 비즈니스 사례를 강의로 해주세요. 그리고 내년에 우리 회사에 어떤 영향을 미칠지, 또 그런 영향을 고려할 때 어떤 준비를 하면 좋을지, 상품과 서비스 차원에서 구체적으로 말씀 주시면 더 좋습니다." 하지만 안타깝게도 담당자가 원하는 것을 완벽히 들어주기는 불가능하다. 외부 전문가는 트렌드 리딩과 분석에는 지식이나 식견이 있을 수 있지만, 회사의 특수성이나 내부 사정에 대한 정보는 부족할 수밖에 없기 때문이다. 트렌드를 성공적으로 비즈니스화하려면 실제 해당 산업에 몸 담고 있는 내부 전문가의 태도나 시선이 더 중요하다.

이 책에서 지향하는 "트렌드 잘 읽는 사람"이란 단순히 남들보다 트렌드를 빨리 포착하는 사람만을 말하진 않는다. 좀 더 엄밀하게는 트렌드에 담긴 의미를 찾아내, 내가 하는 일에까지 적용하는 사람을 말한다. 지금까지 회사를 다니고 일상생활을 하면서 어떻게 트렌드를 읽을 수 있는지 설명했다. 이제는 읽어낸 트렌드를 내 비즈니스에 어떻게 적용하는지에 대해 알아보자.

나와 무관한 산업에서 또는 객관적이고 일반적인 상황에서 트렌드 정보를 나와 유관한 내 일의 관점으로 "주관화"하여 지식과 지혜로 만드는 과정은 호기심 차원에서 트렌드를 읽고자 하는 사람에게는 불필요한 것이지만, 새로운 기획과 상품 개발로 비즈니스 기회를 만들고자 하는 사람에게는 트렌드 읽기의 궁극적인 이유에 해당한다.

웬만한 직장인이라면 연말에 쏟아지는 트렌드 서적 사이에서 한 권 정도는 선택해서 읽어본 경험이 있다. 하지만 막상 책을 다 읽고 나면 "새롭고 재미있기는 한데 딱히 내가 써먹을 건 별로 없는 것 같은데"라는 반응을 할 때가 많다. 올해 유행하는 키워드 정도로만 인식하고, 이벤트나 프로모션 정도로만 활용하면 됐지, 내 업무와 연결할 수 있는 부분은 딱히 없다는 편견이다. 이는 관련된 트렌드 사례가 우리 업과는 무관해 보이고, 이미 다 알고 있는 것 같다는 생각을 하면서 깊게 파보는 고민을 하지 않았기 때문이거나 너무 어렵게 생각하거나 컨설턴트나 전문가의 일로만 보기 때문이다.

트렌드를 읽고 이를 자기 일로 연결시켜 성과를 내는 사람과 그렇지 못한 사람의 가장 큰 차이는 바로 주관화에 있다. 트렌드를 읽고 "신기하네, 재미있네" "아 요즘 트렌드는 이렇구나"에서 그치지 않고 "우리 산업에서는 아직 적용한 사례가 없기는 한데, 내 업무에 적용해 보면 어떨까?" "내 산업에 적용해 보면 어떨까?" 이렇게 생각하고 업무에 활용하고 새로운 기회를 찾아보는 시도가 주관화의 시작이다.

트렌드 주관화를 위해서는 내 일, 내 비즈니스에 대한 지식을 탄탄히 갖추고 있어야 한다. 우리 산업의 특징, 우리 조직의 특징을 잘 알고 있어야 현실감을 갖춘 아이디어가 나온다. 실제로 교육 과정에서 몇 가지 트렌드를 소개한 다음, 그중 하나를 선택해서 우리가 속한 산업이나 경쟁하는 시장에 어떤 영향을 주는지 대응 전략까지 마련해보라는 팀 단위 토론을 해보면 외부 전문가가 제안하는 것보다 훨씬 더 구체적이고 활용 가능한 방안이 나온다. 해당 산업과 해당 기업의 강점과 약점, 구조적 특징에 대해서 누구보다 잘 알기 때문에 트렌드 전문가보다 훨씬 더 현실감 있는 아이디어를 떠올린다.

예시로 '산업간 융복합' 트렌드를 갖고서 한 번 설명해보자. 산업간 융복합이란 산업 전반이 성숙하면서 기존 방식으로는 차별화에 어려움을 느낀 기업이 산업간 경계라는 고정 관념을 벗고 서로 교집합을 만드는 시도다. 이러한 활동이 트 렌드로 부상할 수 있었던 이유는 브랜드적 결합이나 형태적 결합을 통한 차별화뿐만 아니라 IT 기술이 결합하여 그동안 상상할 수 없었던 상품들이 출시되었기 때문이다. 그래서 '산 업간 융복합' 트렌드를 주관화한다고 했을 때 핵심은 무엇보 다 IT 기술과의 연계임을 인지하고, 이를 활용해 신제품을 내 놓는 걸 중요한 관점으로 보아야 한다. 키워드 그대로만 해석 해서는 안 되는 이유다.

트렌드 주관화를 얘기하면, 자동차 산업에 종사하는 분들 은 이동 수단과 행태에 관련해서만 고민한다. 마찬가지로 식 품 회사에 종사하는 분들은 식음료에 관련된 트렌드에 대해 서만 고민한다. 비건이나 가심비 같은 트렌드에 대해서는 자 신과 연관성이 높다고 생각하고 충분히 생각하고 아이디어 로 끄집어낸다. 하지만 누가 봐도 관련이 있다고 생각되면 이 미 여러 사람을 통해 주관화 시도가 이뤄졌다고 봐야 한다. 그래서 이렇게 나온 아이디어는 새롭다기보다는 식상하다는 느낌을 줄 가능성이 높다.

워낙 많은 상품과 서비스가 쏟아져 나오는 세상이다 보니 정말 새롭고 독특한 것이 아니면 눈길이 가지 않는다. 따라서 익숙한 것 위주로 연결을 짓기보다는 우리 산업과 하등 관련 없어 보이는 트렌드까지 함께 가져와 과감하게 시도해보는 것이 필요하다. 모든 시도가 성공할 수는 없겠지만, 주관화의 경험이 쌓여야 나와 상관없는 트렌드를 통해서도 새로운 도전이 가능하다.

통상 아이디어꾼이거나 창의력이 뛰어나다고 평가받는 사람들은 어떤 연구 결과를 볼 때 관련이 없어 보여도 계속해서 연결짓는 시도를 한다. 다른 사람은 나랑 거리가 멀다고 생각하고 관심도 쏟지 않는 것들에 대해서도 별개라 생각하지 않고 굳이 연결해보려고 한다. 이런 태도가 이들을 탁월한 아이디어꾼으로 만든다.

───── 트렌드 키워드만 봐서는 내 업무와 어떤 연관성이 있는지, 어떻게 활용 가능한지 파악하기가 어렵다. 키워드 뜻만이 아니라 발생하게 된 원인, 어떤 부분이 고객의 가치관과 라이프스타일에 영향을 미쳤는지, 고객에게는 어떤 혜택을 제공했는지 등을 깊이 있게 들여다봐야 한다. 고객은 유행하는 키워드보다 '시간이나 노력의 절약' '자부심' '남들보다 빠른' 등의 혜택에 더 빨리 반응한다는 것을 잊어선 안 된다. 그리고 누가 봐도 관련 있다고 판단되는 트렌드는 당연히 주관화를 해야 한다. 하지만 여기에 그치지 않고 관련이 없어 보이는 트렌드까지 내 일로 연결하는 시도를 계속할 때 좀 더

혁신적인 아이디어가 탄생한다. 간혹 낯설다는 이유로 조직에서 환영받지 못할 수도 있는데, 이러한 난관을 뚫어낼 때 그동안 보지 못한 새로운 상품과 서비스가 나온다.

처음부터 잘하는 사람은 없다. 첫 걸음마를 떼기까지 여러 번의 실패를 거쳐야 하는 것처럼 트렌드 주관화도 일단 시도해보면서 실패의 과정을 거치는 것이 중요하다. 그렇게 계속 시도해보면서 그 기간을 줄여야 의미 있는 성과를 낼 수 있다.

트렌드 주관화 프로세스

트렌드를 주관화 방법을 단계적으로 알아보자.

1. 주목한 트렌드의 전체 맥락 이해:

   트렌드의 대략적인 의미나 관련 트렌드 키워드에 그치지 않고 전체 맥락을 이해할 필요가 있다. 트렌드 발생 원인이 무엇인지, 어떤 변화 과정을 거쳤는지, 영향을 준 환경 요인은 무엇인지, 트리거나 배리어는 무엇인지 확인한다. 여기에 더해 주로 영향을 미치는 세대가 누구인지, 왜 해당 세대와 연결되는지도 체크한다. 그리고 관련 사례가 있다면 성공 또는 실패 포인트가 무엇인지도 확인한다.

2. 트렌드의 고객 혜택 명확화:

   전체 맥락에서 고객이 느끼는, 고객 관점에서 핵심이 되는 혜택(benefit)을 정의한다. 여기서 고객은 현재의 우리 고객과 미래의 잠재 고객이다.

3. 내 비즈니스 관점 연결(주관화):

   고객이 느끼는 혜택이 내 비즈니스와 본원적으로 연결될 때 가치가 생긴다. 트렌드 맥락 속에서 확인된 내용과 고객 혜택을 계속해서 연결짓는 상상을 해보자. 그렇게 해서 플러스가 되는 점은 강화하고, 문제나 오해가 되는 점은 어떻게 없앨 수 있을지를 생각하자.

트렌드 주관화 프로세스

주목한 트렌드의 전체 맥락 이해
- 트렌드 발생 원인
- 트렌드 변화 과정
- 트렌드에 영향을 미치는 환경 요인
- 주로 영향을 미치는 세대
- 관련 사례에서 보이는 성공 포인트

트렌드의 고객 혜택(benefit) 명확화
- 트렌드의 전체 맥락 속에서 고객 관점의 핵심 혜택 탐색

내 비즈니스 관점 연결 (주관화)
- 핵심 혜택을 중심으로
- 트렌드 전체 맥락 속에서 보이는 다양한 연결고리를 내 비즈니스 관점의 아이디어로 발전

2

주관화의 힌트를
다른 산업에서 얻다

모든 국민이 하나씩은 들고 있는 스마트폰. 단말기(하드웨어)는 한 번 사면 그대로지만, 운영 체계나 애플리케이션(소프트웨어)은 계속해서 업그레이드된다. 똑똑한 소비자라면 이런 경험을 스마트폰은 물론이고 다른 제품에서도 동일하게 누리길 바란다. 특정 제품, 특정 산업에서 경험한 효용을 다른 산업으로까지 확장되는 걸 기대하는 것이다. "에어컨은 스마트폰보다 훨씬 오래 사용하는데, 에어컨도 스마트폰처럼 자동으로 업그레이드되는 방법은 없나?" "우리 집 소파 색깔은 핸드폰 배경 화면처럼 내 마음대로 바꾸지 못하는 걸까?" 고객은 자신이 쓰는 상품이나 서비스를 구분해서 보지 않는다. 오히려 "왜 여기선 되는데, 여기서는 안 되는 거야?" 이렇게 믹스해서 본다. "식재료는 1인분으로 소분해서 판매하면서, 왜 배달 음식은 1인분만 서비스되지 않는 걸까?"처럼 생각하는 것이 소비자의 심리다.

앞서 주관화를 잘하기 위해 어떤 편견을 없애야 하고 무엇을 시도해야 하는지 알아보았다. 이번 글에서는 좀 더 구체적으로 타 산업의 트렌드를 우리 산업으로 활용하는 방법에 대해 알아보자.

특정 산업에 적용되어 발생한 트렌드는 그 산업에도 영향을 주지만, 종국에 가서는 다른 산업에도 영향을 준다. 즉, 같은 고객을 둔 모든 산업은 더 빠르고 느린 속도의 차이가 있을 뿐 궁극적으로는 동일한 트렌드의 영향을 받는다. 그래서 고객들은 한 곳에서 경험한 혜택을 다른 곳에서 다시 만났을 때 친숙함을 느끼고 재빠르게 해당 제품을 구매하고 사용한다. 이런 이유로 다른 산업의 주요 트렌드를 유심히 살피고 우리 산업에 적용할 수 없는지 따져보는 것은 트렌드의 비즈니스화 과정에서 매우 중요하다.

앞서 트렌드 생명 주기를 설명할 때 예시를 든 것처럼 4인 가구에서 1인 가구로 바뀌는 트렌드를 가장 빨리 받아들이고 대응한 곳은 유통 업계다. 식재료를 기존보다 작은 단위로 1인 분량으로 손질해서 판매한 것이 시작이었다. 그리고 다음 주자는 식품업계로 1인 가구 특성에 맞는 반조리 및 밀키트 제품을 제조해서 판매했다. 이후 1인 가구 트렌드는 가구, 가전 같은 내구재로까지 퍼졌다. 1인 가구를 위한 인테리어 가구들이 주목받으며 이케아가 성황을 이루고, 오늘의집(앱)

의 다운로드 횟수가 늘었다. 조만간 업종과 상관없이 혼자 사는 사람들을 위한 제품을 한 곳에 모아두고 쇼핑할 수 있는 공간이나 유통업이 등장할지도 모른다.

다른 업종의 트렌드를 우리 산업에 반영해서 주관화할 때는 산업 간 속도 차이가 있다는 점을 고려해야 한다. 일반적으로 식품과 의류처럼 비교적 짧은 주기로 사용하는 비내구재의 경우 변화에 민감하기 때문에 트렌드가 주는 영향력이 빠르다. 그래서 속도감 있게 트렌드를 쫓아가는 방향으로 타 산업의 트렌드를 활용해야 한다. 반면, 전자제품이나 자동차 같이 고가이면서 한 번 사면 오래 써야 하는 내구재는 식품과 의류보다 트렌드에 영향을 받는 속도가 느리다. 이 경우에는 타 산업의 트렌드를 바로 적용하는 단기적 대응보다 고객의 선호 이유, 가치관의 변화, 라이프스타일의 변화 등을 길게 보고 장기적 관점에서 활용 방안을 모색하는 것이 필요하다.

고객의 소비 생활과 직접 연관된 소비재 산업이 아니라 부품이나 원자재, 설비와 같은 B2B 산업도 타 산업에서 대세가 되는 트렌드를 활용할 수 있을까? 먼저 이 질문부터 해보자. "B2B 산업도 트렌드에 영향을 받을까?" 결론부터 말하자면 "그렇다"다. 보통 B2B 산업에서는 기술트렌드, 소재트렌드, 산업트렌드라면 모를까, 소비트렌드 같은 일반적인

(상품, 서비스에 대한 니즈 변화)
- 새로운 요구사항이 발생
- 기존 상품, 서비스가 제공하는
  기능, 속성 중 부족한 것 발생
- 불필요해지는 것 발생

(대고객 차원)
- 상품/서비스 개발
(내부 차원)
- 시스템
- 프로세스 개선

- 상품 개발에 따른 부품, 소재
  의 변화
- 서비스 변화에 따른 시스템,
  프로세스 차원의 지원
- 고객사 시스템, 프로세스 변
  화에 따른 지원

B2B 기업의 트렌드 영향 매커니즘

트렌드는 우리랑 상관없다고 생각할 수 있다. 이런 생각 또한 B2B 기업이 트렌드를 활용해 선도적이고 혁신적인 비즈니스를 만들 기회를 스스로 제한하는 고정 관념이다.

B2B 기업의 고객사인 B2C 기업은 최종고객에 해당하는 소비자를 상대한다. 이들은 소비트렌드에 따라 소비자가 기존 제품과 서비스에 대한 불만 등 새롭게 요구하는 사항이 발생하면, 상품과 서비스를 변경하거나 관련해서 내부 시스템과 프로세스를 바꾼다. B2B 기업 입장에서 이를 예측하고 준비하지 않는다면, B2C 기업은 제공 가능한 다른 기업을 찾게 되고 거래처를 변경해버릴지도 모른다.

B2B 기업이기 때문에 최종 소비자의 트렌드와 무관하다가 아니라, 최종 소비자의 트렌드를 선제적으로 파악해야 고객사인 B2C 기업의 요구 사항에 대응할 수 있고 새로운 아이디어도 제안할 수 있다. 즉, 전략적 투자를 한발 앞서 진행

함으로써 경쟁력을 키울 수 있는 것이다.

친환경 제품을 선호하는 트렌드가 발전하게 되면 자동차를 만들어 판매하는 기업은 기존의 내연기관 차량 대신 전기차나 수소차, 하이브리드 차량에 관심을 가질 수밖에 없다. 이는 당연히 자동차에 필요한 소재, 부품, 엔진 설계 방식 등에 친환경이라는 새로운 표준을 생각하지 않을 수 없게 한다. 결론적으로 말해, 최종 소비자와 매일 커뮤니케이션하는 게 주된 업무가 아닌 B2B 기업들도 이제는 트렌드에 따른 고객 기업의 변화를 예의 주시해야 한다. 고객들은 조만간 자신이 느꼈던 가치와 효용을 이들 산업에서도 요구하고 나설 것이기 때문이다. 어떤 소재가 부각될지, 특정 부품의 요구 사항이 어떻게 추가될지 끊임없이 생각해보는 습관이 필요한 이유다.

──── 트렌드 주관화를 하기 위해서는 B2C 기업이든 B2B 기업이든 나와 무관하다라고 생각하기보다 동일한 고객이 사용한다는 관점에서 소비트렌드의 변화, 메가트렌드의 변화, 세대트렌드의 변화를 관심있게 살펴야 한다. 같은 산업군 안에서 경쟁 기업에만 집중하다 보면, 1위 기업은 새로운 상품과 서비스를 개발한다고 해도 고객 호응을 확신하기 어렵고, 2등 기업은 1위를 뛰어 넘는 차별화를 이끌어내기 어렵

다. 고객의 변화에 호응해 경쟁사보다도, 고객사보다도 빠르게 대응법을 찾아내야 시장을 선도할 수 있다. 주관화의 힌트를 다른 산업에서 찾아야 하는 이유다.

B2C와 B2B 특성 비교

B2B 기업에 트렌드가 어떻게 영향을 미치게 되는지 제대로 이해하기 위해 B2C 산업과 B2B 산업의 기본적인 특성을 알아보자.

1. 대상으로 하는 시장의 구조 차이:
   B2C는 다수의 구매자, 즉 불특정 다수의 고객들로 시장이 구성되며 각 고객의 비중도 낮은 반면, B2B는 소수의 고객을 대상으로 하고 각 고객의 구매 단위가 매우 크다. 따라서 B2B의 경우 고객사 한 곳, 한 곳의 중요성이 높다.
2. 구매자와의 관계:
   B2B에서는 각 고객의 구매 단위가 클뿐만 아니라 이러한 구매가 장기적이고 지속해서 이뤄진다. 상호 관계도 복잡하고 상호의존적이라는 특성이 있다. 이 또한 고객사 한 곳, 한 곳의 중요도를 높이는 특성과 연관되어 있다.
3. 수요 변동 요인:
   B2C에서는 소득 변화, 트렌드 변화가 수요에 직접적으로 영향을 미친다. 반면 B2B는 B2C 기업의 최종 제품에 대한 직접적인 수요(최종 고객으로부터의) 결과로 생겨나는 간접적인 수요에 영향을 받는다. B2B 기업은 중요도가 높은 고객사의 최종 제품의 수요에 따라 자사의 제품 수요가 크게 영향을 받는다.

3

과제 해결형 트렌드 읽기를 해보자

이번에 새롭게 준비하는 프로모션에 최근 자주 눈에 띄는 굿즈를 가져와 접목했더니 결재가 금방 났고, 성과 또한 기대 이상으로 높았다. 그리고 회사 내에서 트렌드를 잘 읽는 '촉'이 좋은 사람이라는 평판까지도 얻었다. 트렌드를 활용해서 프로모션을 기획하는 역량이 마케터의 핵심 역량으로 인정받는 분위기다. 그런데 여기까지는 좋았는데, 본부장님이 기세를 몰아 '1인 가구를 위한 가전라인 개발'이라는 상품 기획까지도 해보라고 한다. 마케터로서 상품 기획에 참여하는 것은 좋은 기회임이 분명하지만 프로모션 아이디어를 내는 것과는 차원이 다른 일이다. 어디서부터 어떻게 시작하는 것이 좋을까?

트렌드 읽기가 습관이 되면 다른 사람보다 좀 더 민감하게 변화를 읽는 촉이 생긴다. 그런 다음 내가 하는 일에 트렌드를 활용하는 주관화 단계까지 연결된다면 트렌드를 비즈니스화하는 진짜 실력을 갖췄다고 할 수 있다. 물론 하루아침에 이런 실력이 생겨나는 것은 아니다. 하지만 조직은 기다려주지 않는다. 충분한 시간을 주고 경험을 누적할 기회를 주기보다 짧은 시간에 목적에 맞는 트렌드를 찾아서 빨리 비즈니스로 연결되기를 요구한다. 그래서 일상에서 트렌드를 읽고, 이를 주관화해보는 머릿속 연습을 자주 해야 한다.

빠르게 트렌드를 읽고 현업에 접목해야 하는 것을 두고 "과제 해결형 트렌드 읽기"라 한다. 일상에서의 트렌드 읽기가 일상생활을 하면서 알게 된 내용을 기획에 담는 바텀업 방식이라면, 과제 해결형 트렌드 읽기는 상사로부터 과제를 내려받는 탑다운방식이다. 탑다운 방식은 일상적 트렌드 읽기보다 비교적 단기간에 진행되며 기획서 작성, 상품 기획, 새로운 사업 구상 등 과제가 명확히 정의된 상태에서 출발한다. 그래서 불특정 다수를 대상으로 하는 트렌드 읽기가 아니라 특정 시장이나 특정 분야, 특정 타겟과 관련해서 트렌드 읽기를 한다. 그리고 이렇게 확인된 트렌드는 실제 사업에 적용되는 구체적인 아이디어로 연결된다. 따라서 과제 해결형 트렌드 읽기는 해당 사업의 타겟 고객들이 자주 찾는 곳을 방문하거나 타겟 고객이 관심을 갖는 아이템이 무엇인지 살피는 시장 조사와 유사하다. 이 경우 뉴스 분석이나 SNS 읽기, 소셜 분석도 일상 점검의 성격보다 구체적인 해시태그나 검색어를 통한 특정 상품의 현황 파악과 분석에 더 가깝다.

과제 해결형 트렌드 읽기는 트렌드를 서칭하는 단계부터 다르다. 일상 트렌드 읽기가 소소한 생활 속에서 의도치 않게 발견되는 것에 집중하는 것이라면, 과제형 트렌드 읽기는 의도성을 가지고 트렌드 읽기를 한다. 통상 '과제 정의' '트렌드 읽기 기획'이라는 두 가지 단계가 별도로 추가된다.

과제 정의 단계에서는 단순히 과제명을 정하는 것뿐만이 아니라 과제가 도출되는 배경은 무엇인지, 과제 목표는 구체적으로 어떻게 되는지, 또 과제를 진행할 때 고려해야 할 전제 조건은 무엇인지를 명확히 한다. '1인 가구를 위한 가전 라인 개발'이 과제라면 경영진이 어떤 문제 인식을 가지고서 탑다운 형태로 지시를 내렸는지 배경과 의도를 파악하고, 이 제품을 출시해서 얻게 될 매출 목표는 어느 정도인지 확인하는 작업을 선행한다. 또 기존 생산 라인 활용을 전제로 해야 하는지 그게 아니면 새로운 생산라인의 신설 투자까지도 염두에 둬야 하는지도 확인한다.

트렌드 읽기 기획 단계에서는 누구를, 어디에서, 언제, 어떻게 관찰할 것인지 계획을 세우고 기획서를 작성한다. 관찰

해야 할 대상은 1인 가구, 그중에서도 실제 구매력과 새로운 가전에 대한 니즈를 갖춘 30대 남녀 직장인이 될 수 있다. 가전이라고 하면 여성이나 주부 중심이었지만, 1인 가구 대상으로는 남성 또한 중요한 타겟이다. 그리고 기존 제품에 대한 개선안을 마련하는 과제라면 제품의 주요 사용자가 대상이 되겠지만, 트렌드 읽기 관점에서는 30대 남녀로 대상을 정할 수도 있다.

트렌드를 읽는 방법으로는 타겟 고객들이 실제 가전을 어떻게 사용하는지, 어떤 목적으로 사용하는지, 어떤 요구사항이 있는지, 확인하는 것이 필요하다. 가장 손쉽게 할 수 있는 방법으로 홈비지팅을 통해서 정보를 수집하는 것을 생각해 볼 수 있다. 실제 주거 환경은 어떤지, 주거 내에서 가전 이용 상황은 어떤 특징이 있는지, 기존 제품을 이용하며 아쉽게 느낀 점은 무엇인지, 이용 패턴은 가족과 있을 때와 혼자 살 때 어떻게 달라지는지 등이다. 꼭 전화나 설문조사가 아니더라도 직접 관찰하면서 또 관찰한 내용에 대해 물어봐도 된다. 인터뷰를 하면서는 주로 이용하는 매장은 어떤 곳이며, 실제 매장에서 타겟 고객들은 어떻게 행동하는지도 확인한다. 이후 1인 가구 관련 트렌드 보고서, 뉴스레터 콘텐츠 중 1인 가구 관련 내용, 1인 가구를 키워드로 한 소셜 빅데이터 분석 등도 추가한다. 이런 자료들을 활용하게 되면 시장 전체에 대한 관점을 보완할 수 있다.

─── 지금까지 살펴본 과제 해결형 트렌드 읽기는 정해진 과제하에 누구를 대상으로 어디에서 무엇을 포인트로 할 것인가가 사전에 정해졌다는 점에서 일반(일상) 트렌드 읽기와 다를 뿐이지, 방법 자체는 동일하다. 그래서 평상시 일상 트렌드 읽기를 잘하는 사람이 과제형 트렌드 읽기도 잘할 수밖에 없다. 그리고 과제형 트렌드 읽기를 몇 번 해보고 나면, 일상 트렌드 읽기가 너무 먼 얘기가 아니라는 것을 금방 깨닫는다. 평소에 지나치던 것들도 좀 더 관심있게 들리고 보이는 경험을 할 수 있다. 일상 트렌드 읽기와 과제형 트렌드 읽기는 상호 보완적이다.

과제해결형 트렌드 읽기, 기획서 쓰기 워크시트

과제해결형 트렌드 읽기에서는 각각의 트렌드를 읽는 방법에 대한 사전 기획이 중요하다. 거리 관찰도 일상에서 진행할 때와 달리 과제 해결 관점에서 미리 기획서를 작성해보면 좋다. 거리 관찰 기획서의 주요 항목을 통해 기획서 작성의 주요 포인트를 살펴보자.

거리관찰 기획서

트렌드 읽기 목적	
방문할 거리 및 거리 특성	
조사 기간	
트렌드 읽기 (관찰) 포인트	
필수 방문 장소	

1. 트렌드 읽기 목적:

   거리 관찰을 통해 얻고자 하는 것은 무엇인지 목적을 명확히 기술한다.
2. 방문할 거리 및 거리 특성:

   어느 거리를 관찰하느냐에 따라 수집하는 트렌드 정보의 내용이 달라진다. 트렌드 읽기 목적에 적합한 거리를 선정하고 그 이유와 특징을 기술한다.

3. 조사 기간:

거리 관찰로 트렌드 읽기를 진행할 기간이나 시간대를 선정한다. 주중 또는 주말, 오후나 저녁 등에 따라 해당 거리를 찾는 사람들이 달라질 수 있다. 과제 정의서 상의 타겟층이 많이 찾는 요일과 시간대를 고려하여 선택한다.

4. 트렌드 읽기 포인트:

실제 거리 관찰로 자료를 수집하고, 관찰을 진행할 때 포커스를 둬야 할 포인트다. 기획서의 핵심 항목이다. 사전에 무엇에 포인트를 둘 것인지 명확히 하는 것이 효율적이다.

5. 권장 방문 장소:

조사하고자 하는 거리, 방문할 필요성이 있는 특정 장소를 정한다. 과제 해결에 부합하는 타겟과 장소를 선택한다. 이를 토대로 이동 경로를 사전에 설정하면 좀 더 효율적으로 움직일 수 있다.

4

발견한 트렌드를
사업화 해보자

트렌드 교육을 하다 보면 심심찮게 들리는 이야기가 있다. 열심히 분석해서 상품이나 서비스 개발에 대한 기획서를 작성하면 "몇 사람 만나보고 핫플레이스 몇 번 가보고 알게 된 걸 갖고서 트렌드랍시고 상품을 만들 수 있나?" "어차피 또 올려봐야 OO 팀에서 반대해서 안 돼" "우리 회사에는 안 맞아" 등의 반응이다. 기획서를 작성해 본 사람이라면, 한 번쯤은 이런 경험이 있다. 회사 차원에서 성과를 내겠다는 목표는 같아도 조직별로 이를 처리하는 이해관계는 다르다. 트렌드 읽기 이후 직접적인 실행으로 옮겨지려면 기획의 타당성, 사업의 성공 가능성 뿐만 아니라 조직의 특성까지도 따져가며 진행해야 한다.

트렌드를 내 관점 혹은 자사 관점으로 주관화하여 새로운 제품, 서비스, 프로모션 등으로 실행에 옮길 때는 일종의 프로세스가 필요하다. 알다시피 실행의 국면에서는 조직적인 움직임이 필요하다. 트렌드를 읽고 아이디어를 얻는 과정까지는 개인의 능력과 안목이 앞섰다면, 이제부터는 조직적으로 해당 과제를 어떻게 풀어내느냐가 핵심이다.

일반적으로 아이디어가 구체화하고 실행으로 이어지기 위해서는 R&D, 생산, 영업, 마케팅 등 여러 부서의 협력이 필요하고 자원 투자에 대한 의사결정이 필요하다. 그리고 아이디어를 기반으로 한 제품, 서비스, 혹은 프로모션의 구체적인 내용은 무엇인지, 타겟에게 어떤 기능적, 감성적 혜택을 제공하고자 하는지, 해당 비즈니스를 통해 어떤 성과를 기대할 수 있으며 그 근거는 무엇인지 명확히 설명할 수 있는 기획이 필요하다.

기획은 아이디어와 분명히 다르다. 아이디어가 트렌드를 접목하여 내 제품과 서비스 혹은 프로모션 등의 관점에서 '적용 가능한 생각'이라면, 기획은 여기에 덧붙여 시장에서 통할 수밖에 없는 이유와 실행 가능한 방법을 정리한 '논리적 기술'이다. 그리고 무엇보다 트렌드 읽기에 함께 참여하지 않았지만 사업화를 함께 할 조직원들이 공감할 수 있어야 한다. 기획서 작성에서 가장 많이 활용되는 육하원칙(5W1H)에 대해 살펴보자.

Why는 어떤 트렌드 변화가 있는지, 이 트렌드 변화가 우리 기업 관점에서 어떤 문제를 해결해 주는지, 어떤 사업 기회를 만들어 내야 하는지를 명확히 하는 단계다. 그래서 Why는 기획의 시작점이자 트렌드와의 연결고리를 명확히 하는 포인트다. 기획서에서는 기획 도출 배경으로 설명할 수 있다.

Who는 두 가지가 명확해야 한다. 맨 먼저, 고객 관점에서 이 제품(서비스)이 누구에게 제공되는 혜택인지, 누구를 대상으로 하는지다. 보통은 타겟으로 표현이 된다. 타겟이 누구인지 뿐만 아니라 타겟을 선정하는 근거도 함께 명시되어야 한다. 내부적으로는 어느 조직에서 이 일을 담당할지 정하는 것도 포함된다. 기획서상의 추진 조직이다. 누가 무엇을 해야 하는지 구체적으로 명시하고, 가능하면 사전에 미리 해당 부서와 조율을 해두면 좋다.

What은 기획의 대상으로 제품, 서비스, 제도, 프로세스 중 무엇을 대상으로 하는지 또 그 내용은 무엇인지 구체화하는 것이다. 기획서 상의 세부 내용이다. 현시점에서 최대로 구체화하는 것이 필요하다. 보통 기업의 상품 기획서에는 고객 편익(benefit), 주요 기능, 디자인, 관련 기술 등의 기본 항목 등이 명시된다.

When은 최종 제품 혹은 서비스를 제공하는 시점 그리고 이를 위한 단계별 일정 계획을 세우는 것이다. 여러 사람, 여러 부서가 일해야 하는 경우 단계별로 순서를 정해 자연스럽게 연결되도록 하는 것이 중요하다.

Where는 제품 혹은 서비스를 제공하는 장소로 유통 혹은 고객의 접점을 명확히 하는 것이다. 트렌드 주관화를 통해 새로운 상품과 서비스가 만들어질 때는 기존의 접점 부서나 유통망이 아닌 새로운 부서이거나 새로운 판매(접점) 루트일 수도 있다.

마지막으로 How는 조직 내의 생산, 영업, 마케팅 등 다양한 부서에서 어떤 준비를 해야 하는지 가능한 구체적으로 작성하는 것을 말한다. 실행은 개인이 아니라 조직이 하는 것이다. 아무리 남보다 빠르게 트렌드를 읽고, 좋은 아이디어를 찾았더라도 기획서가 명확하지 않으면 제대로 실행되지 않고 서로 미루거나 '네 탓 내 탓'을 하다가 지지부진해진다.

트렌드 주관화를 통한 기획서는 기존의 기획서보다 새로운 것을 제안하는 경우가 많다. 따라서 조직 내 저항을 줄이고 지지를 얻어내는 것이 중요하다. 직접 트렌드를 발굴하고 확인한 사람 입장에서는 확신이 있지만, 그렇지 않은 사람이라면 의심의 눈초리로 볼 수밖에 없다. "이 트렌드는 특정 지역, 특정 사람에게만 나타나는 거 아닌가?"라고 시장의 확장

사업 설명과 설득의 과정
트렌드를 사업화하는 과정에서 내부 설득은 매우 중요하다. 이때 트렌드 읽기 과정에서 수집한 시각 자료와 인터뷰 자료 등 생생한 현장의 소리를 활용하면 훨씬 설득력이 높아진다.

가능성 차원에서 상업성을 의심하거나 "우리 산업에는 안 맞아, 우리는 이 트렌드와 무관해"라는 회의적인 반응이 나온다면 기획의 근거가 되는 2차 자료를 제시해서 신뢰성을 높이는 보완이 필요하다.

2차 자료는 트렌드 읽기 차원에서 모아 놓아두었던 사진과 인터뷰 내용, 메모 내용 등을 적극적으로 활용할 수 있다. 신문, 서적, 연구소의 보고서, 국내외 통계 자료, 소셜 빅데이터 분석자료, 트렌드 보고서 등은 트렌드를 읽는 자료임과 동시에 트렌드를 검증하는 근거 자료가 된다.

'우리 산업에 적용 가능한지'에 대한 의구심은 기업의 내부 자료를 활용해 해소하는 것이 효과적이다. 자사의 매출 자료, 부서별 관련 보고서, 영업 활동 일지, VOC(Voice Of Customer) 자료를 확인해 이미 우리가 해당 트렌드에 영향을 받고 있음을 보여주는 게 필요하다. 즉, "이미 여러 경로로 확인되는 사인들을 그동안 간과했네"라는 분위기를 내부적으로 만드는 것이 중요하다.

━━━ 트렌드를 비즈니스화 하는 일은 트렌드 읽기의 꽃이자 최종 성과물이다. 트렌드를 읽어내는 단계에서는 개인 차원의 습관이 중요했다면, 읽어낸 트렌드로 성공 비즈니스를 만들기 위해서는 트렌드 주관화가 중요하고, 그 결과물이 기획서로 잘 구체화되어야 한다. 그리고 나 혼자만이 아닌 조직 전체가 공감할 수 있는 여러 후속 작업도 필요하다. 트렌드만 발견한다고 해서 모든 것이 해결되는 것은 아니다. 트렌드 읽기에 조금 늦더라도 빨리 이를 상품화할 수 있는 역량(기획서를 쓰고 조직을 설득하는)을 갖춘다면 비즈니스 레이스에서 한 발 앞서 출발할 수 있다.

트렌드 읽기를 나의 습관으로 만들기

지금까지 출퇴근길 거리에서, 친구와의 만남에서, 때로는 서점이나 전시회를 찾으며 일상에서 트렌드를 읽고 활용하기 위한 다양한 방법을 소개했다. 그리고 이를 활용해 사업화를 하는 방법에 대해서도 알아보았다. 이 내용은 필자들이 컨설팅 업무를 수행하면서도 매일같이 일상에서 하는 실천하는 것들이다.

이 책은 '이 정도라면 나도 충분히 트렌드를 읽을 수 있겠는데'라는 생각을 하도록 하고, 또 이러한 생각이 습관으로 이어질 수 있도록 하는 것을 목적으로 한다. 그래서 결코 무겁지 않은 것들이지만 잘 안 하게 되거나 간과할 수 있는 습관들을 가장 최우선적으로 설명했다.

"생각이 바뀌면 행동이 바뀌고, 행동이 바뀌면 습관이 바뀌고, 습관이 바뀌면 인생이 바뀐다"는 말이 있다. 이 책을 읽고 "트렌드를 읽는다는 게 어려운 일이 아니었네. 나도 충분히 할 수 있는 소소한 것들이 쌓여서 되는 거네"라는 생각을 하게 된다면 첫걸음은 뗀 셈이다.

책에서 소개한 여러 트렌드 읽기 습관 중 오늘부터 당장 '행동'에 옮길 것 두 가지만 뽑아 보자. 당장 이번 주말 친구와의 약속 장소를 트렌드 읽기 관점에서 다시 정하는 것일 수도 있고, 나의 인적 네트워크 리스트를 만들어 다양성 차원에서 검토해보고 보강할 수도 있다.

내가 가장 쉽게 해볼 수 있으며 꼭 필요하다고 생각하는 습관을 정했다면 오늘부터 실천에 옮겨보자. 이렇게 실천에 옮긴 행동이 누적되면 자연스레 트렌드 읽는 습관이 내 몸에 뿌리내리게 된다. 이 책을 같이 읽는 분이 있다면 서로의 실천 결과를 교환해보는 것도 습관을 만드는데 좋은 방법이 된다.

꼭 실천해 볼 습관

1. _____

2. _____

트렌드 읽기를 나의 습관으로 만들기

트렌드 읽는 습관
: 모든 사업의 시작

초판 1쇄 발행 2020년 6월 10일
개정증보판 1쇄 발행 2024년 11월 11일

지은이 김선주, 안현정

펴낸이 이승현
디자인 스튜디오 페이지엔

펴낸곳 좋은습관연구소
출판신고 2023년 5월 16일 제 2023-000097호

이메일 buildhabits@naver.com
홈페이지 buildhabits.kr

ISBN 979-11-93639-27-6 (13320)

좋은습관연구소에서는 누구의 글이든 한 권의 책으로 정리할 수 있게 도움을 드리고
있습니다. 메일로 문의주세요.